MUSSOLINI

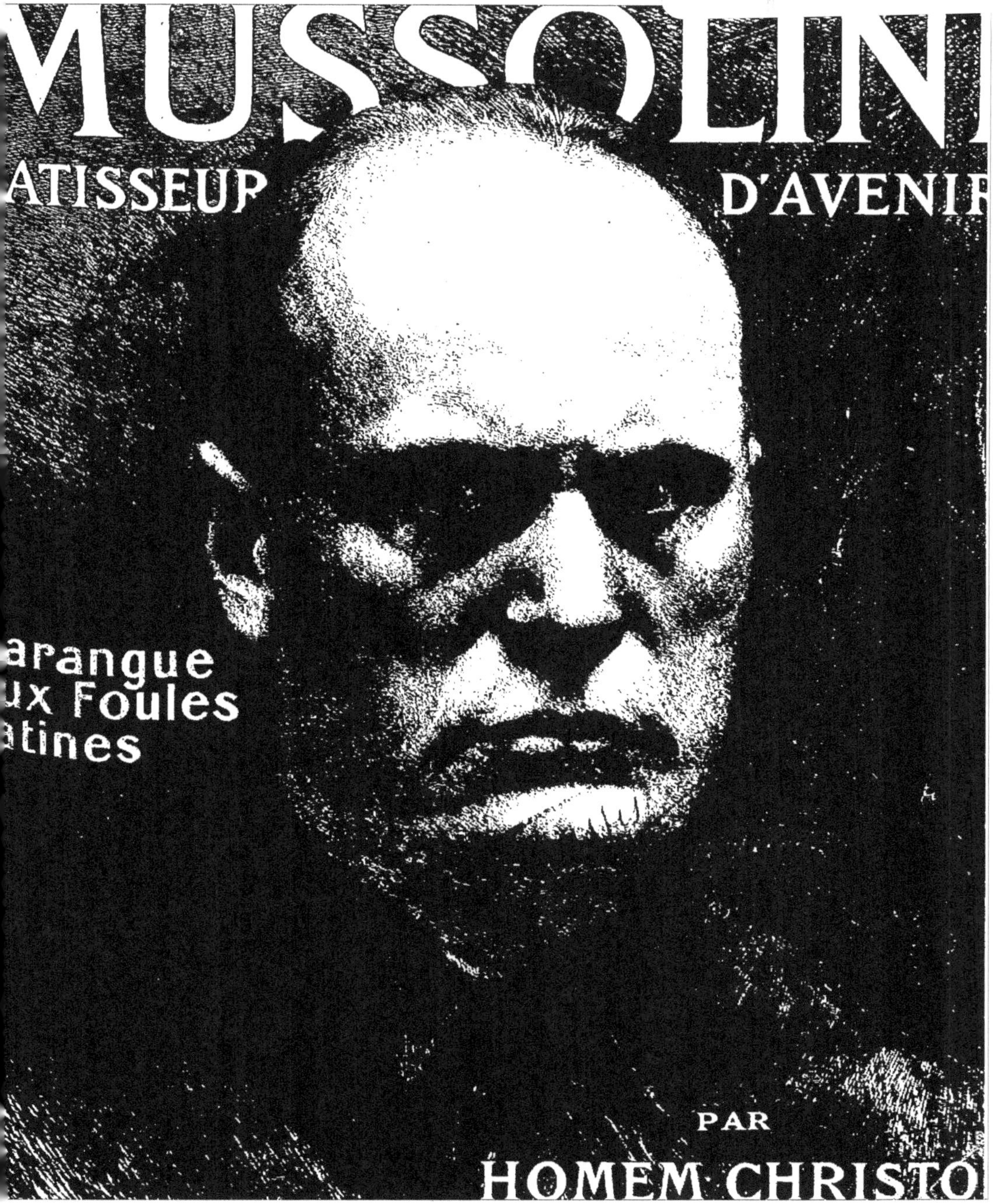

BÂTISSEUR D'AVENIR

Harangue
aux Foules
latines

PAR

HOMEM CHRISTO

MUSSOLINI
BATISSEUR D'AVENIR

HARANGUE
AUX FOULES LATINES

DU MÊME AUTEUR

Chez FAST

La Contre-Révolution
Le Portugal contre l'Allemagne
Le Cinéma des jours
Les Porte-Flambeaux

Chez FLAMMARION

Le Parc du mystère (en collaboration avec RACHILDE).

POUR PARAITRE PROCHAINEMENT

Voyage autour de ma conscience
L'Espagne inconnue

EN PRÉPARATION

Epîtres à l'esclave
Le Maître de la Terre
La Bête verticale

HOMEM CHRISTO

MUSSOLINI
BATISSEUR D'AVENIR

HARANGUE
AUX FOULES LATINES

PARIS
SOCIÉTÉ DES ÉDITIONS FAST
13, RUE ROYALE, 13
1923

A

LUIGI FEDERZONI

EN SOUVENIR DES SOIRS
LOINTAINS OÙ LE POÈTE

GIULIO DE FRENZI

ME CONFIA SES RÊVES
NATIONALISTES ET DEVINT
MON AMI.

L'avenir le plus lointain
est à la suprématie latine
comme le plus lointain passé.

GABRIELE D'ANNUNZIO.

J'ai une seule ambition :
rendre fort, florissant, grand
libre, le peuple de l'Italie.

MUSSOLINI.

Rome, 1923.

Depuis trois jours je suis à Rome. Hier soir, en rentrant à l'hôtel, j'ai trouvé la communication suivante :

— S. E. Mussolini vous recevra demain à 4 heures.

Transmis par téléphone, ce message est déjà connu du personnel. Le nom de Mussolini, le nom sacré, voltigeant du portier à l'homme de l'ascenseur et de celui-ci au valet de chambre, a frayé devant moi comme un chemin de sympathie. La sollicitude m'entoure, la déférence m'environne. Ar-

I

rivé depuis si peu de temps, déjà reçu par le Rénovateur de l'Italie, je ne puis être qu'une figure intéressante, un admirateur de Mussolini, l'un de ses amis, qui sait ?

Mussolini ne siège point à la *Consulta* ; il n'a pas voulu de ce palais trop restreint, lourdement meublé dans le goût cossu des grands jours de Crispi. Pour résidence du Ministre des Affaires Étrangères, Mussolini a désigné le Palais Chigi. Puis il a ordonné que les archives y fussent transportées à l'instant. Et comme ses chefs de services, tout effarés, lui objectaient qu'un tel déménagement exigeait à tout le moins quelques mois, Mussolini, levant sur eux sa face de bronze, prononça :

— Demandez-moi mille hommes et quatre cents camions, je vous les donnerai.

Mais je veux que, dans huit jours, tout ce qui concerne mon administration soit au Palais Chigi, et en ordre !

Tel est l'homme que je vais voir. Ma méditation, néanmoins, ne m'absorbe pas tellement que je ne remarque, au passage de la voiture ministérielle qui me conduit, un mouvement insolite dans les rues de Rome. Pourquoi ce salut large et altier de la part des hommes que je rencontre ? Est-ce à moi qu'il est adressé ?... C'est au Gouvernement du Fascio dont mon auto porte les couleurs.

... Le Palais Chigi. Un huissier me conduit à un salon d'attente. Quatre heures sonnent. Une porte s'ouvre, un autre huissier s'efface au seuil d'un autre salon. J'entre.

Et j'avance dans une pièce aux proportions inouïes, une salle spacieuse et haute comme une nef d'église, dont le sol n'est qu'une précieuse mosaïque... Là-bas, tout au bout de cette salle impressionnante, derrière un vaste bureau, un homme est assis, trapu, rude, solide. Je reconnais le visage mille fois peint, dessiné, photographié, le visage aux effigies sans nombre, le front puissant, droit, lumineux, le regard vif et sévère, la bouche au ferme modelé. Pas un geste, pas un mot de bienvenue. Glacé, Mussolini articule :

— Vous parlez français, n'est-ce pas ? Je vous écoute.

Mon premier soin est d'assurer au Maître du Fascisme que je ferai en sorte de lui dire en deux mots...

— Quatre ! coupe Mussolini.

Je m'incline et, poursuivant : — Je re-

tiendrai Votre Excellence le moins longtemps possible...

— Une demi-heure ! précise Mussolini.

J'aurais mauvaise grâce à ne point discerner dans ces deux interruptions une
marque d'attention bienveillante. Mussolini veut bien m'écouter. Il me reste à le
conquérir.

Toutes les pensées, tous les espoirs
que l'épopée du Fascio a fait naître en
moi, je les lui confie; je lui dis comment
j'ai compris l'action fasciste dès la première heure et interprété son influence
sur l'avenir de la Latinité. Impassible,
Mussolini m'écoute, m'interrompt parfois
d'une brève remarque, pose une question,
situe un fait... Je sens que je suis étudié,
jugé, suivi, et ma joie est grande lorsque
j'entends Mussolini me dire :

5

— Vous voyez le Fascisme comme il faut le voir, dans son jour vrai, et vous vous rendez compte exactement des prolongements qu'il peut recevoir...

A ceci répondrai-je autrement qu'en invoquant le Portugal, mon pays, l'Espagne, la Belgique, la France, tous les peuples latins rassemblés pour la suprématie d'un même idéal ? Les obstacles que le Fascisme a renversés avec tant de vigueur, n'existent-ils pas dans maints pays ? L'exemple d'émancipation donné par l'Italie ne sera-t-il pas suivi au delà de ses frontières ?

Mais il me semble que le regard de Mussolini interroge un cadran invisible sur le bureau qui le sépare de moi. Emporté par mon sujet, peut-être ai-je atteint, dépassé la limite qu'il m'avait assignée. Je me tais soudain; je vais me lever...

— Un quart d'heure de plus ! fait Mussolini.

Cet encouragement me permet d'achever sans contrainte : l'œuvre à laquelle je ne cesse de penser, cette Fédération Panlatine, j'en trace les grandes lignes, je m'efforce d'en montrer les incalculables conséquences. Le Président paraît séduit, saisi :

— Oui, dit-il, c'est une noble idée... Une idée qui mérite toute une vie de travail !

Un silence. Puis il reprend :

— Vous m'avez appris des choses que j'ignorais, je me souviendrai de cet entretien. Votre dessein est d'écrire un livre sur le Fascisme ? Je désire diriger votre attention sur certains points.

Et ce sont des phrases nettes, péremptoires, un plan éblouissant, l'exaltation des vertus nationales : croyance, courage, raison... C'est tout le rôle de l'État ramassé en une brève formule : Enseignement, Ordre public, Défense nationale ; c'est le projet de réforme de la Constitution ; c'est le déficit comblé par la réduction des dépenses considérée comme un sacrifice obligatoire. Sans essayer de dissimuler mon admiration, mon émotion, je m'incline devant Mussolini, je me dispose à m'éloigner car je n'ai pas le droit de retenir davantage cet homme qui appartient à toute une nation, quand il se dresse, fait lentement le tour de son immense bureau, vient à moi, me tend la main. Pour la première fois, je le vois sourire.

— Au revoir, dit-il, j'ai votre parole que

cette conversation ne sera connue d'aucun journal et que, seul, votre livre en
reproduira la substance ?

Je promets ; je me retire. La mémoire
encore bruissante des paroles de mon illustre interlocuteur, je descends l'escalier
du palais, je marche à travers Rome, je vais
au hasard, et le crépuscule arrive que je
suis encore plongé dans ma méditation.
Parce que, dans cette ville auguste, le
passé, à tous les carrefours, se substitue
au présent, mes pas m'ont amené à l'angle d'une profonde avenue, jonchée de
ruines, peuplée de dieux de pierre qui
dorment dans l'herbe vivace. Au-dessus
de moi, je reconnais des vestiges de mu-
railles... Je suis devant le Forum, au pied
du Capitole, au cœur de la Rome millénaire. A l'enthousiasme que j'ai emporté

de ma visite à Mussolini pouvais-je souhaiter un plus haut décor ? Pourquoi le
nier : d'avoir reconnu en Mussolini le visage d'un chef, la voix d'un chef, l'âme
d'un chef, j'étais envahi d'une telle ferveur
que tous les vœux, tous les appels qui se
pressaient sur mes lèvres, j'aurais voulu
les jeter aux Latins, mes frères, porter à
leur rencontre le Faisceau radieux, les
adjurer de s'unir, tenter de les convaincre,
leur crier, enfin, leur crier...

Et, devant un innombrable auditoire invisible, j'ai prononcé le discours que
voici.

H. C.

EXORDE

Fils de la Louve, héritiers dispersés du demi-dieu qui, au flanc du Palatin, bâtit la première maison de la première ville du monde, Peuples latins, c'est à vous que je viens parler. Je ne sais si ma voix portera jusqu'à vous, si vous interromprez un instant vos labeurs ou vos jeux pour m'entendre, mais dussé-je n'être point écouté, je tenterai de réveiller dans votre sang les souvenirs de gloire et d'orgueil à quoi vous devez de vivre.

. Aujourd'hui comme aux plus belles

heures de votre histoire, c'est vers Rome
que je voudrais tourner vos regards. Non
pas vers la Ville Eternelle des rhéteurs
et des orateurs, des archéologues èt des
idéologues, non vers la cité splendide où
s'amoncellent les tombeaux, mais vers la
Rome vivante dont la place ne cesse de
grandir depuis soixante années dans la
politique du monde. A quoi bon vous répéter qu'Elle fut le plexus solaire de la
civilisation ! Si Elle a été pendant des siècles et des siècles la capitale du vieil
Univers, elle est aujourd'hui la capitale
de l'Italie nouvelle. En confrontant les
dons du passé et les promesses de l'avenir, bien hardi qui pourrait affirmer que
la gloire de demain ne surpassera pas la
gloire d'hier.

Peuples latins, ne vous arrive-t-il pas

d'oublier parfois votre illustre origine ?
C'est une tendance bien moderne que de
ne plus attacher d'importance aux filia-
tions lointaines, tellement l'homme incline de plus en plus à se dire citoyen
de partout. Nous accoutumons de croire
que l'on vit aussi agréablement à Londres
qu'à Madrid, à Vienne qu'à Lisbonne,
mais, ce faisant, nous sommes des dupes,
nous agissons contre notre sincérité. En
nous, Latins, une voix profonde s'élèvera
toujours pour s'indigner des roideurs de
la vie septentrionale, si blessantes à notre
sensibilité, pour noter implacablement la
tristesse des ciels et des visages, l'effroi
des vives couleurs et des chauds parfums,
le flegme des attitudes et la rudesse des
voix, en comparaison de notre parole
abondante, de nos gestes expansifs, de

notre amour des belles nuances sous notre fier soleil. Encore que les échanges
intellectuels et les relations d'intérêt
n'aient jamais été si intenses, nous éprou-
verons toujours un malaise inavoué parmi
ceux qui ne possèdent ni notre sang tumultueux, ni notre généreuse véhémence,
ni ce penchant à l'émotion ou à la colère qui fait les martyrs et les héros.

D'aucuns s'imaginent que ce sont là
des caractéristiques répréhensibles et qu'il
sied d'adopter, au nom de l'ordre et de
la règle, un ton et des allures uniformes,
en sorte que l'on ne puisse presque dis-
tinguer un Ibère d'un Anglo-Saxon, un
Italien d'un Slave. Rien ne saurait être
plus pernicieux, contraire à la beauté
d'une race. Une détestable servilité mon-
daine nous conduit, tous tant que nous

sommes, à dépouiller notre personnalité vraie, à défigurer nos usages, à peupler nos villes d'architectures identiques et d'habitants strictement conformes à un banal modèle courant. Que ce virus progresse et, bientôt, nos âmes seront pareilles à celles de nos voisins, nos visages adopteront une physionomie neutre et il deviendra impossible, en se penchant sur notre art et notre littérature, d'y trouver des originalités.

Parce que la grande guerre a mêlé les races, il ne s'ensuit pas que, passé le temps de l'effort, elles doivent rester confondues. En effet, l'abdication de notre personnalité essentiellement latine entraînerait peu à peu un renoncement à nos légitimes ambitions fondées sur notre race même. Ces ambitions ne peuvent préva-

loir qu'en raison directe de notre nationalisme; notre expansion est fonction de
notre tempérament. Dès lors, il apparaît
nettement que nous avons, Latins, un
intérêt immense à demeurer Latins de la
façon la plus ostensible, si nous ne voulons pas être absorbés quelque jour par
une civilisation différente de la nôtre, plus
active et plus consciente de sa supériorité.

A vous donc, Foules latines, de reven-
diquer hautement la source mère d'où
vous avez jailli. Et puisse votre juste fierté
vous insuffler la force d'agir autrement
que par des manifestations purement spirituelles, car aux écrits ont succédé les
actes et ceci tuera cela. Puissiez-vous acquérir la notion exacte de votre valeur
matérielle, née de votre valeur intellec-
tuelle, puissiez-vous enfin vous rendre

compte qu'un exemple vous est donné
par la Rome de 1923, un exemple de
vitalité, d'énergie, de discipline et de renaissance.

C'est à vous que je m'adresse, Latins L'appel aux
Légions.
d'Espagne, descendants des Ibériens de
Sagonte, alliés de Rome contre Hannibal,
vous qui avez gardé, magnifié, transmis
toutes les vertus héréditaires : le culte de
l'honneur, le sens du sacrifice, le savoir,
l'héroïsme et l'enthousiasme, cette sublime
fièvre ! Tourmentés dans vos élans, con-
traints dans vos aspirations, vous vous
drapez d'indifférence avec ce geste hau-
tain qui n'appartient qu'à vous... Ne croyez-
vous pas qu'il y ait mieux à faire ? Ne

sentez-vous point que l'inquiétude a assez
duré, que votre humeur ombrageuse doit
faire place à un souci de solidarité et
votre désunion à une discipline ?

A toi, France, à la fois celte et latine,
violente et tendre tour à tour avec ton
front breton et ton rire provençal, toi qui
adores tous tes frères latins sans bien
exactement les connaître ! Veux-tu te
hausser sur tes pointes et mieux observer
ce qui se passe au delà de tes frontières ?
Veux-tu commencer de chercher tes vrais
amis où ils sont, non pas dans les pays
de brouillards et d'ombre, mais dans les
contrées où le travail et l'amour ont le
même accent que chez toi ?

Peuple belge divinisé par le sacrifice et
qui donnas ton sang pour la Latinité, toi
le premier meurtri et le premier vain-

queur, viens combattre à nos côtés encore pour triompher de nouveau avec nous. Ta place est marquée à la droite de la France, car c'est grâce à toi, nul ne l'a oublié, que le foyer latin est aujourd'hui plus ardent que jamais.

Portugais mes frères, Lusitaniens qui avez découvert et conquis la moitié du monde, qui avez fait reculer toutes les aigles dans tous les temps, Portugais divisés par des conflits d'opinions, par des erreurs démagogiques, il vous faut abdiquer vos querelles médiocres, chercher d'autres raisons de vous passionner, employer à de plus hautes conquêtes l'ardeur de vos élans. Votre passé débordant de richesse vous commande de ne pas faire succéder à tant d'exploits authentiques une vaine et stérile agitation, un mésusage de votre force et de votre dignité.

A vous, Daces, qui formez l'avant-poste latin aux approches de l'Orient, nation perpétuellement déchirée entre le Croissant et la Croix, Roumains établis sur l'autre versant de la Latinité, dans l'ombre dorée de Byzance ! Redoutez cette élégante inertie des peuples trop évolués, dédaigneux de l'effort parce que, d'avance, ils en méprisent les buts. Vous poursuivez la sagesse et la science au fond des bibliothèques, sans paraître vous douter qu'elles sont dans la vie de chaque jour, qu'il faut ne jamais cesser d'être en haleine sur la piste du succès, que rien n'est plus néfaste que l'immobilité contemplative... Et c'est pourquoi je vous conjure de m'entendre !

Vous, enfin, multitudes néo-latines,

peuples espagnols et portugais du Nouveau Continent, du Brésil, de l'Argentine, du Pérou, de l'Uruguay, du Mexique, puisque vous détenez une partie du vaste héritage, puisque, dans vos veines court la sève pourpre de Rome, vous devez associer vos énergies à celles de l'Europe latine, suivre son geste, marcher de son pas, étreindre ses mains, imiter son zèle et contempler, avec la Roumanie, avec le Portugal, la Belgique, la France, l'Espagne, l'événement précurseur, l'événement romain.

Est-il si éloigné de nous, le temps où M. de Metternich, l'arbitre de l'Europe, se plaisait à dire : « L'Italie n'est qu'une expression géographique. » ?

L'Unité italienne.

Aux termes des traités conclus en 1815, l'influence autrichienne s'exerce sur toute la péninsule ; l'aigle bicéphale étend ses ailes ténébreuses sur Venise, sur le Milanais, sur Florence et sur Naples. La Savoie seule et Rome sont épargnées, demeurent isolées et impuissantes au milieu des provinces captives.

Mais ce n'est pas en vain que l'ouvrage du libéralisme remue, en France, le trône des Bourbons. La lutte contre la Restauration incapable trouve de l'autre côté des Alpes un écho sonore, et voici que les conspirateurs français prennent le nom italien de « carbonari ». En Piémont d'abord, puis en Campanie, la « piazza » gronde, la révolte éclate, le peuple veut l'indépendance et l'unité. Dès 1821, Ferdinand, roi de Naples, est contraint d'accorder une constitution. C'est le feu aux poudres : écrasés à Novare et à Rieti, les émeutiers se rassemblent, reprennent courage et remontent à l'assaut. La Romagne se soulève à son tour, la Calabre ensuite. C'est l'époque où Mazzini, sans cesse exilé, sans cesse passant la frontière pour animer les défenseurs de la liberté, fonde à Milan le journal *L'Italia del Popolo*, dans le même élan de patriotisme qui déterminera soixante-quinze ans plus tard Mussolini à fonder *Le Popolo d'Italia*. Étranges rapprochements de l'Histoire !

Garibaldi lève une armée, Rome proclame la République. Charles-Albert vaincu, mais fidèle à la cause italienne, abdique en faveur de son fils Victor-Emmanuel Ier. Entre Cavour, sa balance

25

et Garibaldi, son épée, le nouveau roi calme le Piémont, révèle, en Crimée, la valeur italienne et pose la question de l'unité italienne au Congrès de Paris. La France approuve et envoie ses soldats contre l'Autriche. 1859 : la Lombardie est conquise ; 1860 : expédition des Mille, Naples et la Sicile sont annexées ; 1866 : la Vénétie est acquise ; 1870 : l'unité italienne est proclamée.

Qu'en dis-tu, spectre de Metternich ?

Les semeurs d'ivraie. Mais cela, c'est un passé déjà endormi, car la gloire aussi n'est que poussière. Le geste libérateur à quoi je consacre ce dis-cours, ce geste, c'est mieux que l'histoire d'aujourd'hui, c'est l'histoire de demain.

Et c'est parce que nous y discernons tout un bouleversement salutaire des théories et des systèmes, des vieux oracles et des codes périmés, des songeries creuses et des fastidieux verbiages ; parce que, en Italie, chez ce peuple qui n'a employé que cinquante ans à prendre place au premier rang des puissances, nous voyons un homme, des actes, de l'énergie, de la foi, de la volonté, nous venons dire, crier à toutes les foules latines : regardez l'Italie et faites comme elle !

Non par désir d'une belle attitude, non pour des buts mal définis, mais pour délivrer la lumière du boisseau, si vous vous plaignez d'être dans l'ombre. France, Espagne, Belgique, Roumanie, Portugal, peuples de bravoure et d'élégance, vous aussi vous êtes hantés, tentés peut-être par le poison moscovite, par le subtil ferment de désagrégation que sont venus colporter, voilà quelque vingt-cinq ans, ces Slaves si doux, dans nos universités, dans notre art et notre littérature. Renverser le régime, détruire et ne pas reconstruire, ô nihilisme, tu n'as fait que changer de nom ! Foules de la Latinité, admettez-vous un seul instant l'affreuse idée que vos gloires ne forment plus qu'un énorme chaos ? Déjà rebelles à vos lois nationales, souffririez-vous que des ordres vous vinssent de cette trouble Russie ? Le voudrais-tu, Espagnol et toi, Portugais, toi, Roumain, toi, Belge, et toi, la France ?

Sinon, pourquoi tolérez-vous que, chez vous, l'œuvre néfaste ait des artisans et que l'ivraie se mêle au bon grain ?

Puisqu'il est certain que nous haïssons cette agitation louche, ces basses insinuations que des envieux s'efforcent de propager dans nos rangs, pourquoi, nous qui sommes la foule latine à l'esprit clair, aux yeux francs, pourquoi ne pas imposer silence, une fois pour toutes, à ces mauvais bergers ? S'il est admissible que nous ayons hésité jusqu'ici, par aversion du tumulte, par indifférence, par nonchalance, l'Italie ne vient-elle pas de nous enseigner comment on brise les jougs ? Ce qu'elle a fait, qui nous empêche de le faire ? Que vaudront la propagande communiste et son fatras de revendications mensongères le jour où tous les peuples latins, la France après l'Italie, l'Espagne, le Portugal, la Roumanie, la Belgique dénonceront d'une même voix la duperie odieuse du régime sovié-

tique, chasseront ses suppôts et opposeront
le blocus latin à la terreur moscovite ?

Mais ce n'est là que le premier degré
de l'ascension nécessaire ; le sauvetage
de la Latinité ne réside pas seulement
dans son arrachement aux tourmenteurs
russes et la paix de l'Europe est à plus
haut prix. Le geste de Mussolini a fait
bien plus que bannir à jamais d'Italie les
réalisations communistes ; il a orienté
l'espérance nationale vers de nouveaux
destins. Ce que nous voyons, en Italie,
c'est la substitution d'une politique neuve
à une politique usée, c'est la fin de ces
temporisations oiseuses, de ces perplexités,
de ces ambiguïtés qui sont pareilles à de

vieux fauteuils dans lesquels les ministres
d'aujourd'hui succèdent aux ministres
d'hier en se bornant, pour unique transformation, à changer la couleur des
housses. Il ne s'ensuit pas moins que les
ressorts sont fatigués, que les meubles ne
tiennent plus que par habitude ! Ce sont
eux qu'il faut changer, ce sont les rou-
tines professionnelles des gouvernants,
l'effroi des responsabilités, le désir de
contenter tout le monde, l'horreur des
complications, l'amour du verbiage, la
paresse administrative, l'indécision, l'igno-
rance... Ce qu'il faut changer, dans les
pays latins bien plus que dans les autres,
c'est le recrutement des ministres nouveaux parmi les anciens ministres, c'est
le remplacement des fonctionnaires périmés par d'autres qui le sont tout autant,

sinon davantage. L'Italie souffrait de ce mal singulier ; elle souffrait de giolittisme chronique puisque, chaque fois que tombait un ministère quelconque, les parlementaires de Panurge prononçaient instantanément le nom de M. Giolitti. Routier de carrière, rompu à toutes les aventures, plein de talent, dénué de génie, M. Giolitti, en effet, s'entendait à merveille à replâtrer la politique italienne. Mais le plus beau replâtrage, ce n'est pas de la reconstruction, c'est du trompe-l'œil, du décor, du postiche... Une heure vint tout de même où l'Italie impatiente, énervée, se déclara lasse de ces badigeonnages fallacieux et voulut des matériaux réels. M. Giolitti eut beau offrir ses bons et loyaux services, vanter ses procédés de camouflage et montrer son équipe de minis-

tres cent fois battus et cent fois vainqueurs,
l'Italie secoua furieusement la tête et
cria : « Je veux voir des choses nouvelles !... » Ce cri, est-ce que chacun de
nous, dans son for intérieur, ne l'a pas
quelquefois poussé ?

Ah ! combien de crises gouvernementales ne sont en réalité que des chassés-
croisés ! Que ce soit en France, que ce
soit en Espagne, en Portugal ou ailleurs,
toujours les mêmes silhouettes se profilent
sur l'écran de la politique avec les mêmes
gestes, avec les mêmes tics ! Peu im-
porterait si la conduite du monde ne
comportait que des problèmes paisibles, des
difficultés sans souffrance... Mais depuis
que l'après-guerre nous révèle des bouleversements, des complications, des menaces
dont nos soldats croyaient bien avoir ar-

raché les germes, où sont-ils les esprits proportionnés aux travaux ? Peut-être croit-on que la race en est disparue, que le nivellement propre aux démocraties a réduit toutes les énergies à un format unique... Et pourtant Mussolini vient de paraître !

S'ensuit-il que l'on doive souhaiter le bouleversement des Constitutions, le retour aux régimes abolis ? Ce serait choir dans un embarras tout aussi ténébreux. Mais il est bien permis de déplorer que les « immortels principes », pierre d'angle de toutes les démocraties, aient engendré l'hérésie de l'État nourricier, de l'État qui paye au même taux les bons et les mauvais services. Pourquoi s'étonner de voir partout régner l'inertie, quand il n'existe plus de responsables ? Pourquoi tel serviteur du bien public s'évertuerait-il à accomplir sa tâche mieux que son voisin, si rien ne vient récompenser son effort ? Les collectivités ne mettent pas seulement en commun leurs vertus, mais aussi leurs vices, et parce que ceux-ci, par la loi de l'humaine nature, sont plus nombreux que celles-là, il s'ensuit que le dogme de la fraternité est trop souvent une mise en valeur des Caïns au préjudice des Abels.

Une autorité clairvoyante et vigilante peut, seule, établir le départ entre les bons et les mauvais, élever les uns, châtier les autres, selon la justice la plus élémentaire et aussi la plus prompte. Car un philosophe l'a dit : la justice lente est une injustice. Lorsque la sanction intervient trop longtemps après la faute, tout le bénéfice du blâme est perdu. Le binôme Autorité-Justice a singulièrement périclité depuis Dracon ; à l'heure où nous sommes, tout le monde commande et personne n'obéit, pas même ceux qui ont mission de châtier. L'incapacité et le savoir conduisent à des buts équivalents, avec cette différence que la première y atteint plus vite, parce que moins naïve. Cela, mon Dieu, nous l'avons toujours vu, c'est le propre des foules, mais dès qu'il s'agit de la chose publique, de l'avenir d'une nation, de sa prospérité, de sa sécurité, cette admission de l'artificiel au même titre que le vrai acquiert une terrible importance.

Sans autorité, plus de sélection, plus de travail utile. Dans un Parlement sans autorité, quiconque émet un vœu, propose

une loi, invente une jurisprudence est à
peu près sûr de faire adopter son bâtard.
De là ce foisonnement de lois inopérantes,
qui, au hasard des législatures, poussent
comme la mauvaise herbe. Un texte est
lancé, des articles imprévus s'y annexent,
des réticences s'y accrochent, des correc-
tifs et des sous-entendus. Parce que chacun, à ce monument, veut apporter sa
pierre, sans se préoccuper de l'avis de l'ar-
chitecte, l'édifice, en fin de compte, surgit informe, inutilisable, perpétuellement
inachevé : c'est la tour de Babel. Il y a
ainsi, en France et ailleurs, bon nombre
de lois laborieusement composées, qui
jamais ne serviront à rien et que personne
ne comprendra jamais, faute de cohésion,
de fermeté, de sévérité. La loi, pour être
respectée, doit être d'airain.

Un autre abus des démocraties modernes consiste dans l'incompréhension du
mot *chef* lequel vient du latin *Caput*
et signifie tête. Par un bizarre contresens,
c'est tout justement, de nos jours, le Chef
de l'État qui est le moins admis à penser,
à prévoir, à gouverner, ce soin étant l'apanage des ministres. Mais étant donné que
ces ministres sont inféodés aux factions
parlementaires, sortes de mercenaires à la
solde des ambitieux, il en résulte que
personne ne pense, ne prévoit, ne gouverne et que l'État va comme il peut, où
il peut, guidé par la routine comme un
aveugle par son chien.

Il est indiscutable que la contexture
politique des anciennes démocraties est
archi-usée. Elle a été élaborée par des
hommes d'un autre âge pour des besoins

d'un autre temps. Envisager sa réforme, comme on le projette en France depuis tant d'années sans pouvoir s'y résoudre, c'est vouloir tomber de Charybde en Scylla... Les Constitutions ressemblent à Minerve qui sortit tout armée du cerveau de Jupiter : c'est l'inspiration qui les fait jaillir. Qui dit inspiration dit une âme, une tête, une autorité, des chefs ! Où sont-ils ? A quoi les reconnaître ?

Ils sont dans la multitude qui les ignore comme ils s'ignorent eux-mêmes. Ils ne deviendront agissants et visibles que le jour où la clameur nationale trouvera en eux un écho tellement vibrant qu'il aura la majesté d'un sacre. Mais si cette clameur ne s'élève point, si le rayon ardent ne va pas les frapper dans l'ombre, ils demeureront inaperçus. Ainsi que de grands capitaines peuvent vivre et mourir sans que le hasard leur ait fourni l'occasion de manifester leur génie, de puissants animateurs sont condamnés aux ténèbres. Toute leur gloire dépend d'un choc ; il faut que l'acier de leur volonté heurte le silex du courroux populaire. Otez au tribun le tas de pavés sur quoi il se hisse pour haranguer la foule, et sa voix n'a plus de portée. Otez à Gambetta l'effondrement du Second Empire, et Gambetta reste toute sa vie un petit avocat.

Trop simple est la thèse de la prédestination. Si l'événement ne va pas au devant de l'homme public, celui-ci se dépensera vainement en efforts. Et puisque l'é-

vénement, presque toujours, c'est l'angoisse
ou la colère nationale, on est bien forcé
de conclure que l'enfantement d'un héros
est au prix de cette convulsion.

Foules latines, c'est donc à vous d'em-
bellir votre histoire. Ne vous bornez pas à
exprimer un mécontentement mesquin, mais
au contraire, clamez-le par vos bouches
innombrables, et ceux qui attendent votre
appel se lèveront d'entre vous. Les conducteurs de peuples sont portés par les
peuples. Quand ceux-ci sont veules et
inactifs, aucun front ne cherche à dépasser
les fronts, car l'inertie est contagieuse.
Mais, lorsque la foule irritée s'émeut et
s'interroge, celui qui doit la guider surgit,
car il est une autre contagion plus belle,
c'est l'enthousiasme. Toutes ces périodes
glorieuses que l'on appelle les pléiades, la

Renaissance, la Révolution, le Romantisme, sont nées de l'inquiétude populaire et de sa soif d'affranchissement. La flamme ne jaillit point d'un foyer refroidi ; sans la lutte il n'est pas de victoire. Exigeons que d'entre nous s'élancent des audacieux, ne nous contentons plus des médiocres et refusons l'obscurité si nous voulons mériter des porte-flambeaux.

La beauté de croire. Ce qu'un peuple doit apprendre à redouter par-dessus tout, c'est l'indifférence. Sourire au spectacle des événements n'est pas une force, comme on se plaît à le dire, mais une faiblesse, car c'est un acquiescement. Mieux vaut s'indigner que de hausser les épaules ; la colère peut

conduire à des actes, tandis que l'ironie
n'enfante rien. Heureux le peuple qui se
passionne, fût-ce d'une manière déré-
glée ; il affirme ainsi une vitalité puissante, une indignation utile et des réserves d'énergie. Tôt ou tard, il provo-
quera l'un de ces profonds mouvements
qui changent les êtres et les choses. Mais
que peut-on espérer d'une nation in-
différente ? Ni les excès ni les erreurs ne
parviennent à la tirer de son apathie élégante ; elle se désintéresse de son propre avenir, elle se condamne à mort,
comme Athènes et comme Byzance.

Machiavel a écrit : « Il vaut mieux pé-
cher par l'impétuosité que par la circons-
pection. » On ne saurait mieux dire. Le
monde ne vit que d'action, de réalisation,
d'effort. Tout groupement qui s'immobi-

lise recule, cède sa place, permet qu'on
le foule aux pieds. Vouloir et agir, tout
est dans ces deux verbes et il est encore
préférable d'agir pour rien que de refuser
d'agir.

Agir ! Fils de la Louve romaine, vous n'avez
pas le droit de vous reposer sur vos anciens prestiges. Les lauriers desséchés,
les couronnes fanées ne sont que des simulacres dérisoires ; seuls comptent les
lauriers verdoyants. Hâtez-vous de rappeler aux multitudes septentrionales que
l'Univers ne leur appartient pas, qu'il
leur faut compter avec votre nombre et
votre intelligence. Apprenez à bâtir autant
de manufactures que de palais, à ins-

truire autant de négociants que d'artistes.
Pour peu que vous en preniez la peine,
vous ne tarderez pas à jeter sur le mar-
ché du monde des produits incomparables,
car c'est à vous qu'appartient le sens de
la perfection. Que la quantité renforce la
qualité, vous tiendrez aussitôt en échec
les pays de fabrication intense. Mais pour
cela il faut immoler vos inimitiés secondaires aux nécessités impérieuses de
la solidarité, il faut, non pas rechercher
des alliances, mais consentir à des associations, il faut mettre en commun vos
possibilités économiques et financières,
exactement comme vous avez, en guerre,
confondu vos armées.

Agir, agir, voilà toute notre politique
désormais. Libérons-nous des conseillers
timorés, des timides et des faibles, cher-

chons des hommes nouveaux et des méthodes nouvelles. Fasse que la sempiternelle partie d'échecs disputée par les diplomaties soit une bonne foi brouillée et jetée dans la poussière ! ... Ne jouons pas au plus fin, accordons-nous sur un terrain commun et le reste s'arrangera de soi-même. Enfin ayons des gouvernements qui gouvernent, qui protègent, qui aident, qui encouragent notre besoin d'essor, notre élan vers la prospérité.

Rêves ? Chimères ? Impossibilités matérielles ? ... Fils de la Louve, interrogez votre mère... c'est Elle qui va vous répondre !

PROPOSITION

Les plus grands événements fuient à l'horizon de notre mémoire avec une décevante rapidité. Nous oublions vite, trop vite ! Un temps viendra, certes, où les phases de la guerre s'imposeront derechef à notre dévotion, mais elles auront acquis alors une majesté qui les fera plus belles et aussi plus inaccessibles. On ne les distinguera plus les unes des autres, on les enveloppera d'une admiration totale... La Victoire ne sera qu'une immense expression abstraite, et la bravoure de chacune des nations unies s'incorporera dans la bravoure commune des Alliés. Ce sera la patine de l'Histoire... Mais cette patine n'effacera-t-elle pas nombre de gestes éphémères, de nobles paroles déjà menacés par le Temps ?

Se rappelle-t-on, dans le peuple de France, l'attitude de l'Italie en 1914 ? Il n'est pas mauvais de rebrousser chemin, surtout quand on s'aperçoit de plus en plus que l'on s'est engagé dans la mauvaise route... Si, en quelques esprits un peu trop pressés de juger, de conclure, un doute s'est incrusté quant à la noble spontanéité de la nation italienne vis-à-vis de sa sœur en Latinité, un bref retour en arrière peut suffire à l'extirper.

L'un des hommes politiques les plus

estimés de l'Italie à cette époque — décembre 1914 — M. Salvatore Barzilai,
parlait ainsi :

« Lorsque le prince Ruspoli a porté à
M. Viviani la déclaration de neutralité,
la France a compris que l'Italie mettait
le Droit au service de ses vrais sentiments.
Maintenant, tandis qu'il est parfaitement
explicable que la France désire davantage
de nous, c'eût été un très vif chagrin,
surtout pour ceux qui, comme moi, ont
défendu la cause de l'amitié franco-ita-
lienne, d'apprendre que les motifs de
notre conduite n'avaient pas été justement
appréciés et que notre neutralité n'a pas
été considérée à sa juste valeur.

« Je souhaite l'aurore du jour d'une coopération active avec les Alliés. D'ici là je
suis certain que la France voudra recon-

naître que si, au mois de juillet, nous avons refusé de marcher, c'est surtout pour la raison que voici : parce que la conscience italienne considérait une guerre contre la France comme un fait moralement impossible. »

Six mois plus tard, l'Italie entrait en guerre. Un enthousiasme indicible soulevait la Péninsule tout entière. A Milan, le député Luigi Gasparotto, engagé volontaire en même temps que cent vingt autres parlementaires, s'adressait en ces termes à l'envoyé du *Petit Parisien*, Serge Basset :

« Dites à la France combien nous la chérissons, combien nous sommes heureux de voir disparaître enfin les vieux malentendus, et de quel cœur inébranlable nous mènerons avec elle le bon combat contre les éternels ennemis de toute civilisation ! »

Chez les humbles, parmi les gens de la terre, le même cri se répercutait jusque dans les cœurs les plus fermés. Ceux qui ne partaient pas, ceux qui ne donnaient point leur sang donnaient leur or. « L'élan de nos populations a été merveilleux, déclarait à propos du premier emprunt M. Pavia, ancien Sous-Secrétaire d'État aux Finances et disciple du grand économiste Luigi Luzzatti. J'étais convaincu qu'on aurait vite une grosse somme, comme je suis persuadé que la réussite ne serait pas moindre si l'on demandait le double, le triple au peuple italien. » En un seul dimanche, huit petites communes lombardes souscrivirent jusqu'à 117.000 lires. A peine remise d'un terrible désastre financier qui se chiffrait par trente millions, la ville de Varèse contribua à l'emprunt pour cinq millions et demi.— « Ah ! s'écriait M. Pavia, quand viendra la paix, si la France veut traiter l'Italie en vraie sœur et travailler avec elle, que de belles choses on pourra réaliser pour le progrès et la prospérité économique des deux nations ! »

Que disait, à Venise, le comte Brimani, maire de l'illustre ville ? « — Voilà que le présent nous rappelle les beaux jours du passé : Magenta, Solférino, toute l'épopée de 1859. Nous retournons à des alliances naturelles après avoir rompu des alliances qui étaient contre nature. »

Paroles admirables, paroles prophétiques, pourquoi donc avez-vous été étouffées par le tumulte des armes ! Faut-il rappeler l'intrépidité des volontaires garibaldiens en Argonne ? Faut-il nommer Avellino, Muraccioli, Cotrozzi et les deux Garibaldi, Bruno et Constantin ? Faut-il évoquer les luttes épiques du Carso et Gorizia et la Bainsizza et enfin Vittorio Venetto ? A quoi bon ! La gloire italienne peut se passer d'hommages. C'est à Rome qu'elle est née !... Elle a de qui tenir !

Bornons-nous à songer que les inimitiés passent, et que les drapeaux demeurent. Et arrivons à l'erreur inconcevable qui empêcha, entre l'Italie et la France, un rapprochement que la victoire commune indiquait cependant comme le plus logique et le plus aisé.

Lorsque tomba soudainement, au mois de mai 1919, le Ministère dont M. Orlando était le chef, la France qui formait alors l'axe de l'Europe, put ressentir l'impression que l'Italie avait quelques raisons sérieuses de ne pas se déclarer satisfaite des résultats de la Conférence de la Paix. En 1914, aucune raison d'intérêt n'obligeait la Péninsule, soudée par Crispi à la double Monarchie et à l'Empire allemand, à ne pas suivre ses alliés dans l'effroyable aventure et à prendre l'attitude, si rassurante pour les frontières françaises, de la neutralité. Si rassurante en effet, car la mobilisation de l'armée italienne, à laquelle il était permis de s'attendre comme à une chose parfaitement logique, eût singulièrement troublé le haut commandement français déjà attaqué au Nord et à l'Est. Il est donc incontestable — et c'est là une parole que l'on ne saurait trop fortement répéter — que la seule neutralité proclamée par l'Italie dès l'ouverture des hostilités, fut un acte de générosité dont le souvenir doit demeurer impérissable dans tous les cœurs français.

C'était assez pour que fût réservé à l'Italie, au moment des négociations finales, un traitement digne de sa chevaleresque fraternité. Pourtant l'Italie ne se borna pas à se détacher de ses alliés politiques, à refuser de prendre les armes contre l'Entente, elle eut encore, entraînée par sa généreuse ardeur, enivrée par le surpatriotisme de Gabriele d'Annunzio, la volonté de se ranger aux côtés de la France et de la Belgique envahies, moins,

certes, pour combattre son ennemi héréditaire, l'Autriche, que pour obéir au
torrent d'enthousiasme qui précipitait alors
à la défense des nations spoliées, toutes
les loyautés et tous les héroïsmes.

En Italie, c'est la rue qui a ordonné au
gouvernement de prendre part à la guerre,
c'est l'âme même du peuple qui a exigé
le sacrifice. Il ne s'agissait pas là de ces
obscurs calculs d'intérêt qui, parfois, conduisent les chefs d'État à des actes bel-
liqueux pour des fins inconnues aux
combattants eux-mêmes ; il s'agissait bel
et bien d'un immense souffle venu des profondeurs de l'âme latine pour la défense
d'un sol sacré, pour la protection d'une
sœur en péril. Selon la plus élémentaire
politique et, pour tout dire, selon la plus
élémentaire gratitude, il convenait donc

de traiter l'Italie au moins avec autant de sollicitude que les autres alliés à l'heure de la récompense. Or, il n'en fut rien, et l'impression trouble qu'à Paris l'on hésitait à reconnaître la part de travail de l'Italie, à dénombrer ses six cent mille morts, irrita singulièrement la pensée populaire. Le parti des anciens neutralistes, battus par les partisans de l'intervention, se hâta d'exploiter cette mauvaise humeur légitime et d'aigrir ainsi la nation. C'est dans cette atmosphère d'inquiétude où déjà grondaient des colères, que M. Orlando fit place au pouvoir à M. Nitti.

Quelle erreur de croire que la fameuse question du port de Fiume put suffire à

exaspérer la fureur patriotique des Italiens!
Fiume n'était, à la vérité, qu'un symbole.
Ce que l'Italie ne parvenait pas à comprendre, c'est la raison pourquoi les négo-
ciateurs de Paris s'obstinaient à prendre en
considération avec une telle déférence les
exigences d'une nation composite, formée
non seulement par les Serbes, mais aussi
par des groupements jusque-là vaguement
définis et qui, pour la plupart, avaient
pactisé avec la cause autrichienne. Même en
admettant qu'il pût y avoir un risque d'ini-
quité à confondre avec les ennemis de
l'Entente quelques Tchèques peut-être
innocents, il eût été préférable de choisir
entre deux maux le moindre, et d'épar-
gner à l'Italie, sœur d'armes, jusqu'à
l'ombre d'une déception.

Les Italiens, au cours des préliminaires

de la paix, avant la signature de ce malen-
contreux traité de Versailles, furent fondés
à croire qu'on leur disputait tout ce qui
pouvait ressembler à un essai d'indem-
nité. Ce n'est pas que leurs prétentions
fussent grandes; ils se seraient contentés
d'avantages modestes si ceux-ci leur
avaient été offerts avec un généreux élan.
Mais une attitude pleine de réserve, un je
ne sais quoi de glacé achevèrent de gâter
ce que les préliminaires du traité avaient
déjà compromis.

A l'heure présente il est hors de doute
qu'aux yeux de tout Italien, la France est
responsable de l'erreur commise, si l'on
peut appeler erreur un tel manque de
présence d'esprit. Sachons voir les choses
telles qu'elles sont et proclamer les vérités,
surtout quand elles sont dures à entendre :

si, en 1919, la France — ou plus exactement le Triumvirat de l'Entente — n'avait
point affecté de considérer la dignité italienne comme une quantité négligeable,
jamais les lignes suivantes, parues depuis
dans *La Vraie Italie*, n'eussent été publiées :

« Mainte et mainte fois nous avons
exprimé notre façon de voir les choses;
nous avons dit comment l'Italie, en entrant
en guerre à côté de la France avec une
pleine sincérité de sentiment fraternel, se
promettait de cimenter de la sorte une
amitié que ni affronts, ni injustices n'étaient
parvenus à éteindre. Pendant les années
de la lutte commune, des communes dou-
leurs, des communs triomphes, et jusqu'à la
victoire, ce sentiment n'avait jamais lan-
gui; bien au contraire. La guerre finie et
l'heure de la justice étant venue, l'Italie

fut douloureusement étonnée de découvrir dans la France, non cette « sœur
amoureuse » qu'elle s'attendait à voir à
ses côtés pour jouir ensemble du fruit de
tant d'efforts et de sacrifices, en trouvant
en elle un fort appui contre quiconque
eût tâché de chicaner sur ses droits, mais
bien une rivale froide et hargneuse, plus
acharnée que tout autre à la contrarier
dans ses requêtes, prête à l'intrigue et à la
trahison, et seulement soucieuse d'établir
à son avantage cette hégémonie qu'on
avait cru anéantir en terrassant nos
ennemis. »

La France !... oui, cette entité vient tout **L'ingratitude**
naturellement sous la plume du patriote **versaillaise.**

indigné! C'est la France qu'il juge ingrate,
c'est la France qu'il incrimine et il ne saurait, en effet, agir d'autre sorte. Cependant
la collectivité française est pour bien peu
dans cette maladroite action; elle n'a pas
été consultée, nul n'a pris soin de l'inter-
roger, aucune enquête n'a été entreprise
auprès d'elle sur le partage des droits et
des charges. Il fallut bien que le peuple
français s'en remît à l'expérience des
hommes d'Etat pour la rédaction du
traité de Versailles, un traité qui eût fait
hésiter Talleyrand. Ces hommes d'Etat,
quels étaient-ils? Un illuminé : Wilson;
un égoïste : Lloyd George; un brutal :
Clemenceau. Comme s'il ne suffisait pas
que les négociations portassent sur l'en-
chevêtrement le plus inextricable de l'Histoire, à la fin d'une mêlée qui avait mis

en contact toutes les nations, le Président Wilson, debout au bord d'un abîme dont la profondeur lui échappait, les regards perdus dans l'évocation d'une nouvelle Salente, prêchait le droit des peuples à disposer d'eux — mêmes et chantait l'hymne des Quatorze Points. Lloyd George, uniquement préoccupé d'escamoter la marine et les colonies allemandes, refusait de s'attacher aux considérations secondaires, entendant par là l'honneur et la sécurité d'autrui. Et Clemenceau, après avoir été un homme de gouvernement dans toute l'ampleur du terme, montrait à l'Europe étonnée que ses qualités de la veille équivalaient, le lendemain, à autant de défauts, et que cet homme de force n'était pas, en définitive, un homme très fort.

Que le Triumvirat de la Conférence porte donc l'écrasante responsabilité de ses erreurs, cela est juste, mais tu te trompes, Italie, en poursuivant la France entière de ta rancune. Car tu n'as pas été la seule mal servie, tu dois t'en rendre compte en mesurant avec quelle peine le gouvernement français besogne à tirer de ce traité *omnibus* les moyens d'assurer sa propre sauvegarde. Songe que, le jour de l'armistice, la France, amoindrie de seize cent mille soldats, était lasse et n'aspirait qu'au repos, qu'elle n'avait plus sa clair-voyance habituelle, et dis-toi bien que tu as pâti des fautes de quelques-uns, les plus hauts placés, mais non pas les meil-leurs !

Bref, M. Nitti prit le pouvoir au moment du grand désarroi italien. Peut-être soucieux d'une popularité qu'il n'avait jamais pu atteindre, il n'hésita pas à confier les portefeuilles des Finances et du Trésor à MM. Schanzer et Tedesco, lesquels avaient été parmi les neutralistes les plus ardents. En dépit de cette manœuvre propitiatoire, le mécontentement des Italiens éclata lorsque le prix de la vie, déjà exorbitant, s'éleva encore. Ce qui devait arriver arriva : les consommateurs bousculèrent les marchands et firent main basse sur les denrées. Dans les grandes villes, à Rome, à Milan, à Turin, à Gênes, il y eut des scènes nettement révolutionnaires. Difficilement le cabinet Nitti restaura l'ordre, mais sans améliorer la situation, car les boutiques, maintenant respectées, ne renfermaient point de vivres, en sorte qu'il fallut user de la réquisition appuyée sur la force armée pour obtenir des campagnes les produits indispensables.

On estima que les élections prochaines pouvaient, seules, rétablir l'équilibre du pays et l'on se hâta d'y pourvoir. L'idée capitale du gouvernement Nitti était de modifier profondément le système élec-toral, ce qu'il accomplit, en effet, en remplaçant le scrutin d'arrondissement par une manière de scrutin de liste avec représentation proportionnelle. Il s'agissait, pour les électeurs, de voter sur des listes toutes faites, avec faculté de remplacer des candidats par d'autres, mais dans une faible proportion. Malheureusement, l'adoption de ce système eut pour immé-diate conséquence d'affaiblir, en les divisant, les forces constitutionnelles, pour le plus grand profit du parti socialiste, hostile à la guerre par définition, et du parti populaire formé par les catholiques, anciens adversaires de l'intervention armée. Il apparut dès lors que le succès des élections ne pouvait aller qu'à ces deux groupements, d'ailleurs fort bien organisés, puisque le peuple italien, déçu et meurtri, rejetait sur la guerre toute la responsabilité de ses infortunes.

Menacé d'un triomphe du redoutable P. U. S. (Partito Ufficiale Socialista), en collaboration étroite avec la C. G. T., le Gouvernement essaya de faire comprendre au pays qu'une révolution serait pour

L'Italie déchirée.

lui une condamnation à mort et que la
gravité exceptionnelle de la situation économique imposait, tout au contraire, un
surcroît d'ordre et de travail. Ces objurga-
tions raisonnables, mais mornes, ne servi-
rent de rien ; les partis les mieux organisés l'emportèrent, savoir, les socialistes
par 156 élus et les catholiques par une
centaine. Les groupements constitutionnels
se trouvaient donc, grâce à leur désunion
ou plutôt à leur indifférence devant le
vote, singulièrement affaiblis. Tout de
suite, le Parlement prit une attitude me-
naçante : le 1er décembre 1919, les
socialistes se lancèrent dans une violente
démonstration contre la Couronne, en
négligeant les plus élémentaires formes de
courtoisie. Déroutés, les partis modérés
n'eurent point assez d'esprit combatif

pour riposter par une contre-manifestation.
Une seule fois, ils s'y décidèrent, mais
cette marque d'énergie n'eut d'autre
résultat que de pousser les socialistes à
une violence plus grande encore, à des
vociférations de « Vive Lénine » et à
une imposante levée de mouchoirs
rouges. Entre ces énergumènes et les
catholiques qui, s'ils étaient, eux, hostiles
aux socialistes, ne l'étaient pas moins au
Gouvernement, M. Nitti était fondé à se
demander de quel côté la majorité allait
lui venir. Finalement, il en obtint une,
pas très encourageante, mais acceptable,
due à son affirmation péremptoire de
gouverner avec le Roi. Les députés qui, déjà,
voyaient s'avancer un régime de Soviets,
se rallièrent à cette sécurité et sauvèrent
le Ministère en péril.

     Mais le désordre n'était pas qu'au Parlement ; il régnait surtout sur la voie publique où le P. U. S. ne négligeait rien pour célébrer l'avènement de ses 156 champions. A la suite de quelques horions échangés entre nationalistes et socialistes, des grèves éclatèrent, puis des bagarres d'un caractère particulièrement odieux. A Milan, des officiers furent malmenés, frappés, dépouillés de leur uniforme ; même les civils, quand ils étaient vêtus avec quelque recherche, étaient mis à mal. On le voit, les rancunes se donnaient libre cours d'une façon toute rudimentaire contre les classes dirigeantes et les anciens combattants. Cependant que M. Nitti se démenait, à Paris, à propos des affaires de l'Adriatique, les fonctionnaires de l'État italien, employés des Postes d'une part et « cheminots » de l'autre, témoignèrent de leur valeur de prolétaires conscients et organisés en abandonnant leur travail. Aussitôt d'autres industries emboîtèrent le pas, puis les cultivateurs. Il s'ensuivit que le pays, déjà privé de viande fraîche, rationné pour les denrées de première nécessité, vit son malaise augmenter et diminuer ses dernières ressources. Dans différentes régions, en Ligurie notamment, des usines fermées furent envahies et réquisitionnées par des ouvriers constitués en *Conseils d'exploitation*. En somme, on s'acheminait vers les usages communistes qui ont fait si enviable la Russie d'aujourd'hui.

A la consternation des vieux parlementaires, la Chambre, pendant ce temps, offrait un spectacle désolant. Il n'était

plus de séance sans vociférations, pugilats
et mêlées. Toute la politique se réduisait
à des grêles de coups... Que M. Nitti ait
trouvé le moyen de se maintenir au pouvoir dans de telles heures de gâchis et de
fureur, c'est un miracle de chance ou
d'habileté. Car il y resta, mais à quel
prix ! En accordant aux paysans le décret
Visocchi qui attribuait à qui voulait la
prendre toute terre insuffisamment culti-
vée ; en infligeant aux soldats de la
guerre le décret Mortara qui amnistiait
les déserteurs !

Pressé entre les socialistes qui voulaient
supprimer la grande propriété (Latifundium)
pour y substituer l'exploitation en coopé-
ratives, et les catholiques, partisans de la
même suppression, mais pour créer la
petite propriété, le gouvernement Nitti

marchait de concession en concession. La
question agraire, vitale pour l'Italie,
tourmentait la nation au plus profond
d'elle-même ; elle prenait une ampleur
égale à la question agraire d'Irlande et
menaçait de conduire le peuple aux pires
extrémités. Comme en Irlande, le grand
propriétaire italien n'habite pas sa terre ;
il la loue à un « gabellotto », comparable
au « midleman » irlandais, intermédiaire
qui exploite le paysan et le tient à merci
par la terreur du renvoi et par l'usure.
Ayant obtenu, et c'était justice, l'abolition
du détestable « gabellotto », les paysans
exigèrent davantage, sans s'accorder sur
leurs revendications. Faute de s'entendre,
ils se mirent en grève, solution qui ne
résolvait rien. En mars 1919, les grévistes
de l'agriculture se chiffrèrent par 200.000.

Les chemins de fer firent cause commune. Le désordre, l'anarchie, atteignirent à leur paroxysme, à la satisfaction totale du P. U. S. qui, à grand renfort d'une propagande menée par le journal l'*Avanti,* conduisait l'Italie au communisme intégral.

M. Nitti, intrépide, remania son Cabinet ; il s'appuya sur M. Luigi Luzzatti, économiste célèbre, plein de sagesse et d'expérience, et sur M. Bonomi, jeune député réformiste, et il afficha aux regards de l'étranger un optimisme de commande. Nul n'y fut pris, d'ailleurs ; M. Nitti ne reculait que pour mieux sauter. Au début de mai 1919, sa chute était accomplie. Mais, tandis que le leader du *Popolo d'Italia* applaudissait à cet événement, le ministre renversé reprenait le pouvoir que M. Giolitti, par une adroite manœuvre,

venait de refuser. Quinze jours plus tard
il tombait définitivement sur la proposi-
tion d'un décret portant augmentation du
prix du pain.

Cette fois, M. Giolitti accepta de former le Ministère. Il avait une belle partie
à jouer, mais il appartenait à la génération des « vieux malins », des professionnels du parlementarisme, et il préféra
amuser le tapis plutôt que de risquer cou-
rageusement un grand coup. Entre la
force d'inertie des ouvriers et le lock-out
des patrons, il n'osa choisir, persuadé
que les choses s'arrangeraient toutes seules. Il n'en fut rien ; les choses s'aggra-
vèrent, l'occupation des usines par les ou-

vriers devint un fait accompli. De n'avoir
pas empêché cette occupation, le gouvernement Giolitti, devant l'Histoire, aura
deux excuses : d'abord la police ne lui
eût point obéi et, ensuite, cette occupation a démontré d'une manière éclatante
l'incapacité des ouvriers à se passer des
techniciens. M. Giolitti, en s'abstenant,
ne dut pas prévoir cette conséquence,
tout adroit qu'il fût. Elle sera néanmoins
comptée à l'actif de son savoir-faire.

Puis, brusquement, le Ministère prit
position contre les communistes. Il or-
donna que l'anniversaire de la victoire
fût célébré avec éclat, il fonda un Bloc
de l'ordre... Energie un peu tardive qui
jeta de l'huile sur le feu. Cependant que
d'Annunzio, à Fiume, perturbait la diplo-
matie scandalisée et versait de l'héroïsme

au cœur de la jeune Italie, les socialistes s'élançaient en formation massive à l'assaut du pouvoir. Bagarres, assassinats dans les villes, agressions à main armée dans les campagnes, la révolution, une révolution sans beauté, sans idéal, une révolution slave, allait empoisonner à jamais peut-être les sources latines, quand, tout à coup, le mot « fascio », telle une abeille rapide et furieuse, vola de place en place, fut répété, transmis, crié, acclamé par des voix frémissantes...

Et ce fut, en décembre 1920, la Nativité du Fascisme.

Tous ceux qui, dans le pays tout entier, dans toutes les sphères, dans tous les **Les Faisceaux.**

métiers se désespéraient sourdement de voir l'État veule et pusillanime, tous les courages isolés, les énergies déçues, les volontés contraintes se groupèrent spontanément sous le Faisceau symbolique, derechef honoré dans la ville des licteurs, emblème des classes sociales unies par l'amour de la patrie. Du jour au lendemain, quiconque, du Piémont à la Sicile, frémissait d'indignation à la nouvelle de quelque violence exercée contre un soldat de la guerre, quiconque se refusait à tendre la gorge aux meurtriers de l'Italie devint un Fasciste et combattit en Fasciste, pour la bonne cause des bons citoyens. Ah ! certes, le Fascisme ne se révéla pas du premier coup comme une organisation méthodique, avec un esprit de calcul, à la façon du P. U. S. , par exemple... Il faut constater que les groupements socialistes et anarchistes sont les seuls qui excellent à détruire les initiatives individuelles, pour faire de la masse quelque chose de comparable à l'armée prussienne. Non, le Fascisme n'eut, d'abord, rien de dogmatique et chacun y était le bien accueilli pourvu qu'il usât volontiers de *l'argumentum baculinum*. Mais quelle flamme dans ce désordre, quelle généreuse frénésie dans l'élan qui projetait la jeune Italie au secours de sa glèbe et de son prestige ! Aux communistes, qui s'arrogeaient le droit de molester citadins et ruraux, s'opposèrent soudain les anciens « arditi », les élèves des grandes écoles, les jeunes gens de la bourgeoisie. Toutes les catégories nationales se retrouvaient et fraternisaient sous le pavillon tricolore,

depuis les gens d'esprit simple et tranquille
terrorisés par l'émeute, jusqu'aux patriotes passionnés réclamant que l'idée de
patrie récupérât sa vigueur ancienne.
Puis, très rapidement, l'ordre se fit. Du
centre, du noyau du Fascisme irradiait
une volonté puissante qui pliait tout devant elle, qui savait, juste au point nécessaire, exalter ou modérer les emporte-
ments. Cet animateur, ce chef, c'était
Mussolini, inconnu encore de la grande
foule, et Mussolini était trop lucide pour
laisser le Fascisme se désagréger en de vains
brouhahas. Les objectifs du Fascisme ne
tardèrent pas à devenir clairs et précis :
anéantir l'action communiste et les syndicats rouges, extirper le germe soviétique,
nettoyer les campagnes des conseilleurs
de rapines et dire aux paysans cette pa-

role digne de Plutarque : la terre appartient à qui la mérite et non à qui la
vole.

Dans cette âpre contrée de Romagne, Dux.
cent fois conquise et cent fois reprise,
déchirée entre Venise, le Pape et ce terrible César Borgia qui disait : « L'Italie est
un artichaut que je mangerai feuille par
feuille », dans la province de Forli, exactement à Prezappio, Benito Mussolini est
né en 1883. Il fit de rapides études et
voulut se consacrer à l'enseignement. Ins-
tituteur dans un pauvre village romagnol,
il s'énerve de ne pas voir son horizon
s'élargir, il plie bagage et, portant comme
le philosophe grec tout son bien avec lui,

il émigre en Suisse. C'est là qu'il commence de hanter les milieux politiques
populaires et qu'il apprend le socialisme
dans toutes ses rigueurs, et non pas, ainsi
que l'ont écrit avec complaisance certains
de ses biographes, un socialisme à l'eau de
rose, un socialisme *ad usum delphini*. Socialiste, Mussolini le fut dans l'acception
la plus forte du principe. On ne saurait
admettre, d'ailleurs, qu'un tel homme se
soit contenté d'une doctrine relative ; dès
l'abord, il a dû entrer dans le vif de l'action, chercher tous les éléments de conviction, tout apprendre, tout contrôler,
tout connaître. Si, depuis, il a rebroussé
chemin, c'est en pleine connaissance de
cause. S'il a entrepris d'arracher les mau-
vaises herbes du jardin social, c'est qu'il
a constaté la dangereuse vigueur du para-

sitisme. Pour bien juger les erreurs et pour en préserver autrui, il n'est pas mauvais de les avoir soi-même commises.

En Suisse, Mussolini apprend le français, lit les grands auteurs, se passionne pour les plus hauts problèmes. Foncièrement marxiste, il fonde et rédige une feuille révolutionnaire, ce qui lui vaut un arrêté d'expulsion. Rentré en Italie, il continue d'écrire et, promptement, se fait remarquer par sa phrase rude, directe, claire, altière même, qui ne ressemble en rien au style routinier dont le lecteur n'a que trop l'habitude. Les « camarades » voient d'un mauvais œil ce combatif qui, par sa carrure, les fait paraître malingres, mais, en essayant de ralentir sa marche, on ne réussit qu'à l'accélérer encore. Trop intelligent pour choir dans le sectarisme et

sachant, comme l'a dit Rivarol, que « si
les moutons s'assemblent, les lions s'iso-
lent », il prend l'initiative de séparer
nettement son socialisme de la maçonne-
rie et parvient à mettre celle-ci en échec
au Congrès d'Ancône. Peu après, il prend
la direction de l'*Avanti*, le premier journal du parti. Au début de la guerre mondiale, il se refuse à demeurer neutraliste,
sachant que l'abstention est une négation
de la volonté et que, pour un peuple
aussi bien que pour un individu, qui ne
risque rien n'a rien. Il se déclare donc in-
terventiste dès la première heure et, pour
garder son indépendance et ses moyens
d'action, il se démet de toutes ses obligations envers le parti socialiste.

Aussitôt il fonde le *Popolo d'Italia* et
devient le guide de l'Italie patriote. Il

part comme volontaire contre l'Autriche, il se bat, il est blessé et revient à Milan au moment où sa présence et son talent sont indispensables. Car le communisme, grassement payé par l'étranger, menace de s'incruster en Italie. Dans ce communisme, il discerne la fin de la Latinité, l'anéantissement des libertés, le retour des vieilles servitudes déguisées sous des noms nouveaux. Et, désormais, la propagande léniniste n'aura pas, entre l'Adriatique et la Méditerranée, de plus terrible adversaire jusqu'au jour où il la terrassera.

Mussolini a toutes les qualités qu'il faut pour conduire les masses : d'une instruction considérable, panoramique, il comprend avec une rapidité fulgurante, il décide sans hésiter, il ne discute jamais sur un fait accompli, il est logique malgré les opinions reçues et, au besoin, contre elles. Son éloquence est redoutable, dépouillée de creuse rhétorique, ardente, passionnée ; il croit au travail qui produit, et à l'action sans laquelle tout travail demeure obscur ; il n'obéit à aucune règle, sauf à celles, fondamentales, de la conscience. Il ne gouverne pas selon un code établi une fois pour toutes, il ne puise pas sa politique dans des recueils de procédés, il « fait neuf »; il n'applique pas des systèmes, il en invente.

Mussolini possède au plus haut point cette admirable vertu, si rare et si profondément italienne, que l'on peut appeler *le sens de la mesure*. Il sait avec une extraordinaire précision ce qu'il faut faire et surtout ce qu'il ne faut pas faire. Il a repéré les bornes au delà desquelles la route s'incurve et finit en Roche Tarpéienne. Merveilleux exemple d'équilibre, âme de force, esprit de finesse, quel politicien serait capable de l'égaler aux heures de crise, lorsqu'il faut trouver assez d'énergie pour maintenir à l'intérieur la discipline et la confiance, tandis qu'à l'extérieur, il convient de négocier par la douceur et la souplesse. Mussolini, c'est toute l'Italie incarnée dans un homme; c'est *le prototype italique.*

Sous l'impulsion de ce manieur d'hommes, le Fascisme ne pouvait que croître, L'élan.

s'étendre, développer son influence, gagner les cœurs, d'abord parce qu'il défendait une cause noble et juste, mais aussi parce qu'il la défendait en attaquant, ce qui est la vraie manière. Lorsque furent créés, dans les villes et aux champs, des Comités exécutifs nombreux et vigilants, on put voir des Fascistes de fraîche date, nouvellement enrôlés, quitter leur travail à l'usine ou à la ferme pour courir où l'on avait besoin de leur bonne volonté et de leurs muscles. Sans autre programme que celui de poursuivre, de châtier, de décourager les fauteurs d'anarchie, le Fascisme déclencha dans toute l'Italie une action instantanément très vigoureuse et, très vite, formidable. Les principaux agents communistes eurent beau invoquer la liberté, faire appel à leurs propres gardes du

corps, ils reçurent en différentes occasions
de telles bastonnades et trouvèrent si hé-
roïque le traitement infligé, que leur ton
baissa dans des proportions notables. De
peur de s'attirer de nouvelles doses de
gourdin, ils commencèrent même — rien
de plus comiquement paradoxal — à prêcher le calme aux émeutiers dont ils
étaient les chefs de files. Leur arrogance
des premiers temps fit place à des attitudes circonspectes ; ils sentirent qu'en
face d'eux se dressaient des gens aussi
résolus qu'ils pouvaient l'être, mais en
nombre beaucoup plus imposant, puisque
tout le pays se rangeait derrière eux.
Quand les Fascistes, indignés du traque-
nard où avaient succombé plusieurs des
leurs, à Modène, mirent le feu à la Bourse
du Travail de Bologne, la réaction so-

cialiste s'avéra infiniment moins violente qu'on ne s'y attendait. Il y eut grève de protestation, mais fort courte. En public, on rencontrait de moins en moins de députés communistes ; si, à Montecitorio, ils continuaient de troubler les séances par leurs glapissements et leurs sottes interruptions, dans les rues ils se tenaient fort bien, avec le seul désir de passer inaperçus. Les Fascistes, en effet, se moquaient fort de l'inviolabilité parlementaire ; lorsqu'un communiste, simple comparse ou représentant du peuple, avait le malheur de se signaler à leur attention — très prompte à s'éveiller — par des actes ou des paroles antipatriotiques, il ne tardait pas à en subir les cuisantes conséquences physiques. Les tribulations du signor Bucco, député de Mantoue, resteront légendaires. On vit des députés rouges solliciter, contre les impitoyables disciples de Mussolini, la protection des carabiniers. Rien de plus bouffon, rien qui rappelle mieux la saine farce italienne.

La suprême adresse avec laquelle Mussolini contrebattit la révolution, en recourant pour cela, non à des rigueurs tragiques, mais à des moyens de comédie, devait lui assurer la sympathie de toute l'Europe latine. Qu'il s'agisse d'un conflit de rue ou de l'évolution d'un gouvernement, l'essentiel, chez les gens qui inventèrent le théâtre, c'est que le personnage principal sache mettre les rieurs de son côté.

NARRATION

Le 24 octobre 1922, Naples était le centre ardent du nationalisme italien. Encadrées des « Chemises bleues », représentant le Parti Nationaliste, quarante mille « Chemises noires », représentant les *escadres* du P. N. F. (Parti National Fasciste) accourues de toutes les provinces d'Italie se réunissaient pour entendre la parole de Mussolini.

M. Giolitti, prêt à rentrer en scène, à rejouer son personnage éternel de *Deus ex machina*, prononçait déjà, en coulisse, les mots annonciateurs de son intervention. Tandis que Naples attendait la grande voix de la Patrie incarnée, M. Giolitti, devant le Conseil provincial de Cuneo, adjurait le Fascisme, auquel il voulait bien reconnaître une certaine importance, de ne point perturber les choses existantes, de respecter les lois, de n'agir que dans le cadre de la Constitution. Phrases creuses, expressions vides, vocabulaire correct et banal! Rien ne permettait de supposer d'ailleurs que la Constitution fût en péril, ni les lois, ni l'ordre! Le Congrès de Naples présentait l'aspect magnifique d'une manifestation joyeuse et sage, d'une noble fête patriotique. Jamais les *Faisceaux* n'avaient mieux mérité leur nom, symbole d'union et de force. qu'en ces jours d'oc-tobre sur lesquels le ciel napolitain déployait son velum couleur de fidélité. Quel étrange besoin poussait donc l'ancien président du conseil à faire allusion à un danger dont personne n'avait le moindre souci?

Hélas! M. Giolitti, représentant le plus distingué de la politique prudente parce que dénuée d'envergure, M. Giolitti ne voyait pas sans une certaine émotion s'avancer les légions fascistes. Il se rendait compte qu'une ère allait se clore et une autre s'ouvrir, que des signes apparaissaient dans les nues, et il n'avait d'autre ressource, parmi les Anciens tout à coup évincés, que d'agiter ses mains tremblantes pour tenter d'arrêter la ruée des profanateurs!

Dix mille auditeurs s'entassent dans la salle du théâtre San Carlo. Autour du

théâtre, une foule énorme acclame l'arrivée des congressistes. Et, par une admirable ironie du sort, tandis que la police,
débordée, se montre impuissante à assurer l'ordre, ce sont les escadres fascistes
elles-mêmes qui dirigent et contrôlent,
avec une discipline tout ensemble cour-
toise et rigide, l'installation des divers
contingents.

Comment dire les transports d'allégresse
qui saluèrent le discours de Mussolini !
Hardi et prudent, le chef du Fascisme
commença par déclarer que le jeune Parti
National n'avait pas l'intention de partici-
per au gouvernement et qu'il se bornait
à préconiser, dans un très proche avenir,
de nouvelles élections législatives. Ce
début montrait clairement la volonté du
Fascisme de ne point collaborer avec Gio-

litti et les siens, mais aussi son ambition de former un gouvernement indépendant. Ces précisions données, Mussolini sut rassurer l'opinion italienne par une allusion à la Monarchie qui, au dire de ses adversaires, avait tout à craindre d'un républicain tel qu'il l'avait été. Ce fut dans l'auditoire un grand apaisement quand Mussolini prononça ces nobles paroles :

« La vie unitaire italienne s'appuie fermement sur la Monarchie qui, par ses origines et pour des raisons historiques, ne peut pas s'opposer au Fascisme, lequel est désireux de sauvegarder les libres institutions, d'honorer l'armée, de travailler à la grandeur de la patrie. »

En dépit de l'avertissement par quoi le Fascisme déclinait toute coopération avec le « gouvernement d'habitude », M. Giolitti, singulièrement tenace, conservait des espérances, à telle enseigne qu'au lendemain du Congrès de Naples, il fut question, simultanément, de la démission du cabinet Facta et de la formation d'un nouveau ministère Giolitti-Orlando, avec attribution de deux portefeuilles aux Fascistes. Mais ce n'étaient que des ballons d'essai envoyés par un gouvernement aux abois ; à Naples, Mussolini et les siens, retranchés dans un mutisme impressionnant, esquivaient les interviews, se dérobaient aux interrogations, demeuraient imperturbables. Ils attendaient. De Naples, ils suivaient téléphoniquement la progression des événements romains : Le Roi est rentré. — Les ministres se sont réunis pour mettre à la disposition du président Facta les portefeuilles dont il pourrait avoir besoin, en vue d'une intervention des Fascistes dans le ministère. — La réunion s'est terminée sans qu'une décision ait été prise. — Une autre réunion aura lieu dans la journée. Créera-t-on un gouvernement provisoire Giolitti-Orlando ou Salandra-Mussolini? — Oui. — Non. — M. Facta a remis au Roi sa démission et celle de ses collaborateurs.

Pendant ce temps, à Naples, sur la place du Plébiscite, cent mille personnes regardaient Mussolini. Et Mussolini fit un geste et, dans l'énorme silence instantanément obtenu, il dit ces mots : « Il s'agit de jours et, peut-être, d'heures. Ou le gouvernement nous donnera le pouvoir, ou nous le prendrons en fondant sur Rome. » Alors un cri formidable : A Rome ! A Rome ! Que Mussolini le veuille et cette foule enivrée va s'élancer à la conquête de sa propre capitale. Mais Mussolini calme sa fièvre : « Patience ! Attendez mes ordres ! »

Et, politique narquois et madré, il se dissimule sous un réseau de nouvelles contradictoires. Un journal est tout fier d'annoncer en édition spéciale une déclaration du Chef du Fascisme « prêt à collaborer même avec les socialistes, ennemis jurés du Parti ». Cependant, à la même minute, un autre journal publie une profession de foi monarchique émanant de Mussolini-Protée. L'un s'écrie : « Le Fascisme restera en dehors du gouvernement ! » L'autre proclame : « Le Fascisme a un ministère tout prêt en réserve ! »

« Nous voulons exercer une action toute
pacifique », affirme Mussolini, tandis que
Mussolini lance cet avis à ses commandants
d'escadres : « Le moment d'agir est venu ! »

« A Rome ! A Rome ! » Ce n'est pas en
vain que l'élan a été donné. Partout où
il y a un *fascio* des volontaires se rassemblent avec le casque et la chemise noire.
On sent que chaque combattant est re-
lié par un fil invisible au grand cœur de
l'Italie qui bat dans la poitrine d'un homme.
Cette effervescence ne saurait laisser indifférents les ministres démissionnaires :
« Le devoir nous commande de rester à
notre poste, disent-ils ; sans doute le pays
entier va-t-il être à feu et à sang ! Prépa-

La victoire
du Fascisme.

105

rons-nous à apprendre de terribles excès... »
Et, crispés au téléphone, ils questionnent
avidement : « Que fait Vintimille où se rassemblent les Fascistes niçois? — Vintimille
chante ! — Et Civita-Vecchia ? — Elle illu-
mine ! — Et Rome ? — Elle pavoise ! »

N'importe, il faut faire quelque chose,
il faut que ce ministère témoigne d'une
certaine vitalité. En face d'un pays enthousiaste, discipliné, uni dans l'expression de
sa volonté souveraine, les ministres, com-
plètement désorientés, s'accordent pour
commettre une faute immense : ils déci-
dent d'appliquer *l'état de siège !* Et, le décret à peine rédigé, ils courent le soumettre à la signature du Roi.

Il n'est pas dans l'Histoire d'instant plus
pathétique, plus grand que l'instant où
Victor-Emmanuel III put voir s'amonceler

au-dessus de sa couronne les menaces de la double tourmente qui menaçait tout ensemble la dignité nationale et la Maison de Savoie. Signer l'état de siège équivalait pour lui à méconnaître l'auguste volonté du Fascisme, c'est-à-dire l'injonction de la Patrie elle-même ; c'était encore fortifier au cœur du Fascio le fanatisme de l'indépendance et conduire Mussolini droit à la République.

La méditation du Roi fut profonde et brève : ébloui d'avoir contemplé l'embrasement précurseur des guerres civiles, le Roi recueillit dans cette vision dantesque l'enseignement auquel il devait obéir. En dépit des instances de M. Facta et de différents ministres, Victor-Emmanuel, de la façon la plus péremptoire, refusa de signer le décret d'état de siège, sauvant ainsi la monarchie et la patrie italiennes et adressant au Fascisme vainqueur le salut suprême de la Royauté.

Que restait-il à faire au ministère défaillant, sinon prendre congé et s'esquiver sans gloire ? Déjà le gouvernement s'offrait aux coups des immolateurs. Il appartint à l'un des ministres, M. Riccio, Garde des Sceaux, de formuler, le premier, sa démission. Tous les autres suivirent, tels des capucins de cartes... Et le Fascisme fut.

La marche sur Rome. Cependant que Rome s'éveillait dans une allégresse neuve, comme si un air plus salubre emplissait la Ville Eternelle, les légions fascistes, acheminées depuis plusieurs jours vers la capitale de l'Italie,

campaient aux approches de ses portes.
Plus de cent mille combattants, jeunes,
résolus, alertes, pénétrés de cet enthousiasme qui est comme le sang de la victoire, attendaient dans la campagne
romaine l'ordre de marcher vers la lutte
ou vers l'ovation. Mais ce fut l'ovation
qui vint à eux. Dès que la foule de Rome
sut que le Roi, en rejetant le décret d'état
de siège, s'était déclaré lui-même le
Premier des Fascistes, une clameur inoubliable lança quiconque avait une âme à
la rencontre des troupes de Mussolini. Par
les vieilles routes qui avaient vu passer
tant de Césars, sous les antiques arcs
triomphaux témoins de tant de splendeurs
évanouies, le Fascisme déploya ses éten-
dards. On assista comme à la reprise de
possession de la Patrie par les patriotes ;

on eût aimé que les magistrats de la
ville, renouvelant le geste gibelin, appor-
tassent aux vainqueurs les clés symboli-
ques et, par une étrange réminiscence,
bien des yeux, cependant que défilaient
les « Chemises noires », cherchaient à
leur tête l'Imperator qui les avait susci-
tées.

Sept heures durant, sur le Corso, défi-
lèrent les troupes fascistes, des milliers
d'hommes saluant à la romaine, la main
droite étendue, la main gauche étreignant
le fusil. La foule trépignait d'ivresse à
l'aspect du bonnet de police décoré du
faisceau de licteur, et de la chemise noire
sur quoi se croisaient les cartouchières...
Cette armée improvisée, mais pour le
moins aussi redoutable que l'armée régulière, défiait, par ses équipements, sa dis-

cipline et sa tenue, toute critique. Quand, après les derniers bataillons, passèrent les mitrailleuses et les mulets chargés de munitions, le peuple italien comprit qu'une force lui était née.

Il eût été désirable que de nombreux Français assistassent à cet événement grandiose. Mieux que par des narrations ils se fussent rendu compte de l'ampleur du mouvement fasciste et de ses attaches profondes dans le caractère romain. On eût compris, en France, que l'Italie n'est pas seulement un pays de ruines majestueuses, de vestiges glorieux, mais que la vieille nation italienne est riche d'avenir, qu'elle travaille ardemment à ses destinées, que la vraie manière, enfin d'honorer la Rome moderne et de mériter son affection n'est pas d'honorer ses anciens prestiges, mais de saluer sa nouvelle apothéose.

Et voici que le Roi et Mussolini se trouvent face à face : minute inoubliable que celle où le Roi confie au Dictateur la mission de gouverner l'Italie... Mais déjà les acclamations du peuple en délire contraignent Victor-Emmanuel à paraître et reparaître sans cesse au balcon du Quirinal. Déjà, devant Mussolini avançant avec peine, Rome tout entière se précipite et se donne.

Fascisme et Nationalisme. Le premier mot de Mussolini au pouvoir fut : « Et maintenant, au travail !» La période belliqueuse était close ; l'action se muait en organisation ; il n'était plus question de céder à l'ivresse du succès, mais au contraire d'acquérir cette sobriété rigoureuse qui permet la vision claire et le raisonnement prompt.

Le Fascisme, à ses débuts, n'était pas un parti, le Fascisme n'était pas une doctrine. Plus exactement, et selon son fondateur lui-même, c'était un dynamisme au service d'une cause éminemment nationale, c'était un mouvement provoqué par un mécontentement général et que la volonté patriotique seule a rendu concret.

S'il est exact que tout dynamisme n'est que du statisme non encore parvenu à destination, ce raisonnement rigoureux ne saurait s'appliquer désormais au Fascisme qui possède en soi tous les éléments constitutifs de la force et de la durée. Cela revient à faire le procès des partis dits révolutionnaires, dont le programme est, en effet, tout entier contenu dans le mot *révolution*. Il est impossible d'échafauder un système politique sur un état révolutionnaire, lequel ne peut être qu'une forme transitoire et, d'ailleurs, imprévisible.

Le Fascisme a été, tout d'abord, dans l'esprit de son chef, l'action déterminante, l'organisme de travail, l'arme, ou plutôt, l'outil. La nécessité impérieuse, redoutable, s'imposait à tous les cœurs généreux de purifier le sol italien de la peste communiste. A grands pas, l'Italie marchait à l'agonie de sa gloire, à l'anéantissement de ses acquisitions ancestrales. Le monde allait assister à cet effrayant spectacle de Rome définitivement livrée aux Barbares. Toute l'énergie indignée des patriotes italiens l'emporta subitement sur les divisions d'opinions ou de classes et, du jour au lendemain, dès que Mussolini eût écrit dans le *Popolo d'Italia* ce mot radieux de « faisceaux », l'idée prit corps, elle devint un fanal et un foyer autour duquel se groupèrent, magnifiques d'ardeur, tous les étudiants, tous les combattants, tous les marchands, c'est-à-dire la pensée, la force, la richesse de la jeune Italie.

Cette richesse, cette force et cette pensée, déjà le Parti National en était l'expression la plus directe. L'un des promoteurs du Nationalisme, M. Alfredo Rocco, actuellement Sous-Secrétaire d'Etat au Ministère des Finances, a fort justement noté que les objectifs du Fascisme et ceux du Parti National étaient identiques, en sorte que celui-ci semble avoir eu en celui-là son porte-parole. Bien avant le Fascisme, le Nationalisme avait proclamé sa fidélité au principe monarchique et dynastique, symbole de la vie perpétuelle de la nation. Est également d'origine nationaliste la théorie du syndicalisme national, comme étant l'adaptation des syndicats à l'État, sous son contrôle et sa discipline.

Les deux doctrines se touchant par la plupart de leurs points essentiels, devaient un jour fusionner. Cette fusion eut lieu en mars 1923 ; les syndicats nationalistes furent versés dans les corporations fascistes, et les meilleures intelligences du Nationalisme trouvèrent place dans les diverses organisations que le Fascisme avait créées.

Il importe de noter que le Grand Conseil Fasciste a été amené à proclamer officiellement l'incompatibilité du Parti Fasciste et de la Franc-Maçonnerie. Invités à choisir entre cette dernière et le Parti, la plupart des Fascistes n'hésitèrent point à donner la préférence au *Fascio*.

Mussolini, tout autant qu'il est un Protecteurs de Rome. homme d'action, est un homme d'État ; d'ailleurs ces deux termes définissent assez bien le chef politique tel qu'il le conçoit lui-même. Chargé par le Roi de former le ministère, il n'eut garde de verser à ses Fascistes le vin du triomphe, ce « vin noir » dont parle Lorenzaccio, « qui engendre la métaphore et la prosopopée ». Il se refusa la joie facile de l'hosanna populaire ; au contraire il employa toute sa puissance à maîtriser la fougue qu'il avait alimentée par tant de paroles, d'écrits et d'actes ; il commença l'œuvre courageuse d'éteindre le rayonnement de sa propre gloire au profit de la gloire nationale. La gratitude de l'Italie est acquise à ce grand patriote indifférent à la couronne de chêne et qui, le labeur accompli, le combat terminé, n'a d'autre fierté que de redevenir un artisan parmi les artisans.

Au lendemain du succès, le premier geste de Mussolini sera-t-il pour indemniser ceux qui marchèrent à sa suite ? Le devoir accompli a-t-il besoin d'un salaire ? La probité farouche des Conventionnels revit chez cet homme qui fait les affaires du pays et non les siennes. Mais il ne

suffit point que les Fascistes, ayant ter-
rassé le bolchevisme et porté un coup mor-
tel au vieil esprit parlementaire, eussent
occupé Rome ; encore fallait-il assigner
une fonction à ces cohortes immobilisées...
Mussolini, dans cette conjoncture si fatale
aux armées victorieuses et qui priva la
journée de Cannes de ses justes lendemains, Mussolini ne voulut ni l'inaction,
ni le plaisir. Aussi violemment qu'il avait
exigé le tumulte, il exigea l'ordre, trans-
forma ses légionnaires en miliciens, leur
enjoignit d'organiser dans la ville enfié-
vrée le calme et le travail, les en rendit
responsables... Aussitôt, l'on put voir,
dans Rome, les célèbres « chemises noires »
et les non moins fameux gourdins assurer
le rythme pacifique de la noble cité, avec
autant de courtoisie et de mesure qu'ils

avaient déployé d'impétuosité contre les *arditi del popolo*.

A tout autre que Mussolini deux alternatives pareillement périlleuses se fussent offertes : indemniser les Fascistes, et c'est à quoi, nous le répétons, Mussolini n'eût jamais consenti, ou bien les licencier, ce qui eût jeté à travers l'Italie des milliers d'énergies soudain oisives et, par cela même, dangereuses. Avec une merveilleuse sagacité qui met en pleine lumière ses vertus manœuvrières, le nouveau Président du Conseil d'Italie sut imposer à ceux qui avaient, sous son impulsion, mené le bon combat, une fonction digne de leur civisme. Il en fit, en effet, les protecteurs de Rome ; il les éleva à la dignité de restaurer et de maintenir la saine discipline dans Rome encore effer-

vescente ; ses militants de la veille, il les
convertit en pacifiques soldats uniquement
préoccupés de préserver de toute atteinte
la placidité citadine.

Ce faisant, Mussolini eut-il pour seul
objectif d'assurer aux Fascistes un légitime emploi de leur valeur ? L'observateur est enclin à se demander — et c'est
là que semble apparaître la finesse de
jugement de Mussolini — si son intention
n'a pas été en outre de plier les ardeurs
fascistes à des besognes moindres, afin
que se fasse peu à peu dans les esprits
les plus exaltés, les plus légitimement eni-
vrés, le calme indispensable à l'état de
paix qui doit suivre, tôt ou tard — et

L'épée
au fourreau.

121

9

tôt de préférence — l'état de guerre civile.

Ceci reviendrait à dire que Benito Mussolini, pénétré de ce merveilleux sens de la mesure dont, si souvent, sont privés les plus grands hommes d'État, a voulu que le Fascisme fût, aux heures ardentes, une arme merveilleusement efficace, mais que cette arme rentrât au fourreau aussitôt que les circonstances n'exigeraient plus qu'elle fût brandie.

Le Fascisme, atténué en tant que moyen d'action, conserve toutefois sa pleine valeur en tant que prélude d'une transformation politique. Quels éléments apporte-t-il ? Quels changements se propose-t-il d'imposer au système parlementaire dont les erreurs, précisément, lui ont donné naissance ? Conduit à pied d'œuvre par la ferveur populaire, ayant traversé avec une rapidité fulgurante cette phase trouble et laborieuse qui précède généralement les évolutions, il lui faut désormais entreprendre sur d'autres bases la reconstruction du système qu'il prétend renverser. Que veut le Fascisme, que peut-il faire, où va-t-il ?

A ces questions, le Décalogue fasciste vient répondre en dix articles inspirés : Le Décalogue fasciste.

« I. — Le Fascisme est la nation victorieuse qui n'a pas voulu être réduite à la condition des nations vaincues et défaites.

« II. — Le Fascisme est l'Italie bourgeoise et prolétarienne, l'Italie des travailleurs qui, au mythe de la lutte des classes et au fait de la guerre civile, a substitué la coopération effective de tous les citoyens, afin de régénérer la fortune de la Patrie.

« III. — Le Fascisme est l'Italie des penseurs qui, proclamant les droits de la société nationale, s'est libérée pour toujours de l'idéologie étrangère, prépondérante chez nous depuis la seconde moitié du XVIIIe siècle, pour atteindre son point culminant, au commencement du XXe siècle dans l'idéologie parricide de Moscou.

« IV. — Le Fascisme est le génie de la race ressuscité, la tradition latine toujours opérante dans notre histoire millénaire, le retour à l'idée romaine de l'État et à la foi du Christ, la conjonction d'un grand passé à un lumineux avenir.

« V. — Le Fascisme est le culte des

valeurs spirituelles, opposé au culte du ventre, dieu unique des socialistes, anarchistes et communistes.

« VI. — Le Fascisme est la liberté du peuple italien succédant à la licence effrénée des individus, des groupes, des partis. Il est le triomphe du travail, de l'ordre et de la discipline.

« VII. — Le Fascisme est le sacrifice, consenti avec humilité, du bien individuel au bien de la nation.

« VIII. — Le Fascisme est la défense de l'Italie contre les ennemis du dehors et contre les ennemis de l'intérieur.

« IX. — Le Fascisme est la religion de la passion de la Patrie, l'orgueil du nom latin, la foi inébranlable dans les hautes destinées de l'Italie, l'augure et le gage d'une nouvelle primauté italienne.

« X. — Le Fascisme est l'union sacrée de tous les vrais Italiens : c'est l'Italie fleur, lumière, âme du monde. »

L'œuvre
de demain.

Les idéaux du Fascisme sont, on le voit, fort simples. Conscient de pouvoir insuffler une vie plus généreuse à l'État chancelant, il souhaite qu'après tant d'hésitations, après tant de méprises dont la plus paradoxale est d'avoir cherché des inspirations dans un pays aussi dissemblable que la Russie, l'Italie se reprenne, se rééduque, s'élance à grands pas sur les chemins du progrès. Au yeux de tout Fasciste éclairé, la faute capitale du gouvernement précédent fut de méconnaître, à force d'atonie, le principe sacré de l'ita-

lianité, d'orgueil national si développé
chez la nation mère de la Latinité. Le
Fascisme n'est donc que la projection
spontanée d'un parti national, non plus
de ce libéralisme bourgeois aux courtes
vues qui, dénué d'énergie, peut être
considéré comme premier responsable de
l'épidémie communiste, mais d'un clan
qui englobe la patrie entière, son labeur,
sa beauté, sa richesse et sa gloire.

Mussolini se dresse donc comme l'adversaire irréductible des vieilles concep-
tions gouvernementales, de la routine, de
la sotte économie, de la finance étroite, de la
moralité souvent trop large. Le sens du perfectionnement social le porte à envisager
la fin de l'autocratie du régime capitaliste
et l'avènement des véritables producteurs.
Il ne veut point détruire, il veut bâtir, mais

non pas sur des ruines ; il ne veut point supprimer les substantiels principes bourgeois, il veut les amener à une conception différente, meilleure, plus large de leur rôle dans l'élaboration de la force nationale.

Ce n'est pas à la légère que le mot évolution est employé à propos du Fascisme. Évolution, disons-nous, et non révolution. Évolution, en effet, parce que les éléments constitutifs du Fascisme sont, en quelque sorte, des nouveaux venus, des âmes que n'a corrompues encore nulle erreur de doctrine, des esprits non pollués par des dogmes fallacieux. Que furent les Fascistes de la première heure ? Des jeunes hommes arrachés à leurs études sous le coup d'une généreuse indignation ; des prolétaires, las de ne point sentir au-dessus d'eux la protection d'un gouvernement prévoyant ; des ouvriers inquiets de voir leur sort à la merci de l'oligarchie mongole ; presque toujours des petites gens et même des pauvres qui avaient bien moins souci de soutenir une opinion, de faire œuvre de polémistes, que de défendre l'intégrité et la dignité de leur patrie menacées par les fauteurs de troubles et les perturbateurs à gages.

Tels furent les volontaires de la première heure, dont les rangs se trouvèrent bientôt grossis par tous les apports venus des profondeurs de la nation. Le Fascisme est donc, nous le répétons, un mouvement foncièrement national pour une politique nationale, pour l'Italie *alma mater*. Jacques Bainville a dit fort justement : « Le Fascisme est un phénomène latin dans lequel des souvenirs de la Rome

antique et de la dictature du salut public
entrent pour une part certaine. » Salut
public, voilà les justes mots qui éclai-
rent l'action fasciste.

Mais l'acheminement au salut public se
subdivise en étapes. La première fut guerrière et s'acheva par la déroute du communisme ; la seconde ne fait que commencer, elle est pacifique, elle doit enseigner à l'Italie et, après elle, au monde
entier, que les deux faces de la médaille
frappée au symbole des Faisceaux sont
pareillement belles.

Sérénité. Au seuil de cette seconde période, à
l'aurore de ce statisme, il est bien évident
que le Fascisme a le plus grand intérêt à

se donner au pays comme un modèle de discipline. Ce ne doit pas être seulement pour lui une question d'amour-propre, c'est aussi une garantie de durée. En premier lieu il est indispensable qu'en se substituant par la force — ou, plus exactement, par l'autorité — à une ère d'anarchie et de confusion, il sache se montrer méthodique avec rigueur et calme avec majesté. C'est par une démonstration permanente de bonne tenue, de calme et de sang-froid qu'il achèvera de convertir et de s'attacher les lointains cœurs paysans, peu experts en soubresauts politiques. Tumultueux et outrancier hier encore, le Fascisme ne peut être aujourd'hui que l'incarnation de l'ordre. La violence a été son chemin, mais la pacification est son but.

131

En second lieu, si le Fascisme a triom-
phé de ses antagonistes extérieurs, rien
ne prouve qu'il n'ait point, dans son sein,
des ferments de dissociation. Mussolini,
lui, possède au plus haut point, nous l'a-
vons dit, le sens subtil de la mesure,
mais il lui reste à l'imposer à ses compa-
gnons de lutte. C'est là peut-être que les
pires difficultés l'attendent. Aussi longtemps que le Fascisme fut une force en
plein travail, il pouvait se dispenser de
programme défini et s'en tenir à l'idéal
sommaire de la « table rase ». Et Mussolini pouvait se borner à des déclarations
comme celle-ci :

« Le Fascisme est une grande mobilisation de forces matérielles et morales.
Qu'est-ce qu'il se propose ? Nous l'affir-
mons sans fausse modestie : gouverner la

nation avec le programme nécessaire pour assurer la grandeur matérielle et morale du peuple italien. Nous ne croyons pas aux programmes dogmatiques, à cette sorte de cadres rigides qui devraient contenir et sacrifier la variable, changeante et complexe réalité.

« Nous nous permettons le luxe de surpasser en nous-mêmes les antithèses dans lesquelles s'abrutissent les autres, et qui se résument en un monosyllabe affirmatif ou négatif. Nous nous permettons le luxe d'être des aristocrates et des démocrates, des conservateurs et des fauteurs de progrès, des réactionnaires et des révolutionnaires, des légalitaires et des illégalitaires, selon les circonstances de temps, de lieu et de milieu dans lesquelles nous sommes forcés de vivre et d'agir. »

A cette excellente phraséologie de combat, devait succéder un plan de gouvernement. Le Fascisme entrait dans l'orbe des réalisations, dans la nécessité concrète. Ses adversaires, évidemment, l'y attendaient avec une malicieuse curiosité.

Une politique neuve. Or, les premiers actes de Mussolini, en tant que Président du Conseil, montrent un rare courage et donnent une mesure toute nouvelle du métier d'homme d'État. A peine porté au pouvoir, il jette dans la routine parlementaire une perturbation splendide. Il accepte la démission de quatre ministres et sous-secrétaires d'État du parti populaire et décide de ne pas les remplacer. Aidé de ses purs Fascistes, il gouverne seul. S'il agit de la sorte, s'il restaure ainsi le dogme autorité, ce n'est point pour satisfaire à une inclination personnelle, c'est avec le plein concours de l'opinion publique. L'Italie voulait un chef, elle l'a en Mussolini. Donc les partis d'extrême gauche, en France ou ailleurs, sont mal venus de critiquer sa manière. A dire vrai ils se mêlent de ce qui ne les regarde pas et surtout de ce qu'ils ne comprennent pas. La mentalité italienne, les besoins, les aspirations de l'Italie n'ont rien de comparable à ceux des pays voisins. C'est une grave erreur de prêter à autrui des intentions que l'on aurait soi-même. En usant à tort et à travers du mot Fascisme et en le défigurant, les contradicteurs commettent une lourde faute et de politique et de politesse.

Soucieux d'avoir les mains libres pour mener à bien sa dure tâche, Mussolini n'entend pas demeurer à la merci de la nervosité de la Chambre. Il ne veut pas que son effort soit subordonné à des mécontentements de couloirs, il exige à bon droit des garanties de temps. Aussi demande-t-il au Parlement, et obtient-il le vote de la loi de *pleni potere*, autrement dit une délégation du pouvoir législatif. De plus il réclame l'abolition de cet abus, de cet excès qu'on appelle le vote de confiance.

Réforme hardie, mais réforme salutaire et dont toutes les démocraties ont intérêt à retenir le principe. Eh, quoi ! un homme accepte le fardeau du gouvernement, expose sa vie publique et privée, son passé, sa personne aux critiques, aux brocards, aux rancunes et à la haine ; appelé dans une heure difficile, cet homme consent à entreprendre de remettre d'aplomb le char embourbé, il s'y attelle, il stimule ses co-équipiers du geste et de la voix, il peine, il entrevoit le succès, il rassemble son énergie pour l'ultime effort... et, la veille de la réussite, sur une question secondaire, sur une interrogation qui le trouve distrait, désorienté, nerveux, voilà que la confiance du Parlement lui est refusée et qu'il est contraint d'abandonner sa besogne, de renoncer à son gain légitime, de s'en aller enfin, pour laisser sa place à un autre qui, sur des plans personnels, recommencera ce qu'on lui interdit d'achever ! Mais c'est bel et bien de l'anticivisme, c'est le fait d'une assemblée brouillonne et rudimentaire que de trancher ainsi à tout instant le fil à quoi est suspendue cette épée de Damoclès. Sous cette menace perpétuelle le gouvernement ne peut plus compter, pour durer, que sur sa chance, sur sa popularité, sur son ascendant vis-à-vis des partis. A ce compte, le ministre qui plaît à l'assemblée parce qu'il l'amuse, qui décourage les meneurs de cabales parce qu'il les intimide, et enfin qui a pour lui le hasard, demeurera au pouvoir dix fois plus longtemps, fût-il politiquement incapable, que le véritable homme d'État, le penseur, le savant dénué de prestige et dépourvu d'aplomb. Cela s'est vu. Sans que nous nous permettions de désigner tel pays plutôt que tel autre, nous voyons, en jetant un regard en arrière, que les plus longs ministères n'ont pas toujours été les meilleurs.

Mussolini réprouve ces mœurs ; puisqu'on l'a choisi, c'est qu'on l'a jugé digne ; s'il est digne, qu'on le laisse travailler. Lorsqu'il aura terminé l'ouvrage, libre à quiconque de le blâmer, mais pas avant. Certes, une réforme pareille n'est point du goût de tout le monde. Elle est propre à déconcerter les amateurs d'interpellations sournoises, tous ceux qui font profession de jeter des pelures d'orange sous les pas du gouvernement. Pour quantité de parlementaires, cette innovation équivaut à une atteinte à la liberté, car c'est toujours la liberté que l'on invoque, de même que l'on crie facilement à la dictature. Mais, la liberté, c'est un mot sur lequel il est temps que l'on s'accorde. « Il n'existe pas de liberté, il n'y a que des libertés ! » a dit excellemment Mussolini. Et c'est bien le moins que l'on reconnaisse au ministre les mêmes prérogatives qu'on accorde à tout artisan, savoir le droit de faire son travail du commencement à la fin.

Et c'est incontestablement un gros travail ! Sans doute les commencements du Fascisme furent-ils pénibles, sans doute fallut-il batailler rudement pour anéantir l'hydre bolchevik, mais, déjà, les temps héroïques sont révolus. Maintenant s'accomplit l'œuvre profonde, privée d'éclat superficiel. Le Fascisme a promis de renouveler l'Italie, d'instaurer un régime d'ordre, de clarté, de progrès, d'union surtout. Or, il a absorbé tous les mécon-

tentements, tous les espoirs trompés; il les a
confondus au service de la bonne cause,
qui consistait d'abord à courir sus aux
Léninistes triomphants. Mais, passé la
période aiguë, les Fascistes au repos se
considèrent avec surprise, tant ils se
voient différents les uns des autres. Celui-
là est un intellectuel, celui-ci un
paysan, le troisième un ouvrier, le suivant un bourgeois. Tous ont combattu
pour l'idéal, mais, au repos, un préci-
pité se forme. Cet idéal est variable ;
les revendications de l'intellectuel sont-
elles conciliables avec celles de l'ouvrier,
celles du marchand avec celles du produc-
teur? La magnifique association d'énergies
résultant d'un élan unanime subsistera-
t-elle, une fois la course achevée?

Oui, si Mussolini a pour lui le temps ;

oui, si personne ne vient ruiner, à mesure qu'il l'élève, l'édifice de restauration. Quand on aborde, entre les multiples problèmes dont l'Italie lui réclame la solution, celui du « latifundium » ou crise agraire, on se rend compte qu'il est impossible de réaliser là des accords durables par le moyen expéditif de quelques décrets. Un peu partout, notamment en Sicile, les paysans ont fait main basse sur les grandes propriétés, approuvés d'ailleurs par un gouvernement que l'avenir ne tourmentait guère. Il est inadmissible que Mussolini sanctionne à son tour un état de choses dont il a été le premier indigné. D'autre part, restituer les grandes propriétés à leurs maîtres, ce serait retomber dans l'erreur initiale et, au surplus, provoquer chez les ruraux une révolte furieuse. Il s'agit donc d'imaginer un compromis, d'établir le régime de la petite propriété, tâche qui est à la taille de Mussolini, à condition qu'une opposition vindicative ne vienne pas lui demander trop tôt des comptes.

C'est, en définitive, une affaire d'auto-rité. Non pas seulement une autorité de personne, avec ses avantages et aussi ses inconvénients — un chef de parti exagé-rément autoritaire finit quelquefois par s'aliéner ses partisans les plus sûrs — mais surtout une autorité d'État. Resti-tuer à l'État un prestige en quelque sorte paternel, rendre aux lois leur vi-gueur, poursuivre sévèrement ces « rebelles professionnels » qui sont capables de renverser tous les gouvernements et incapables d'en élaborer un seul, réagir contre le trouble par principe et le tumulte prémédité, honorer le travail comme la plus haute vertu patriotique, veiller sur l'école, sur l'armée, sur la famille, les trois stades du civisme, réserver l'exercice de la politique à un nombre restreint de compétences responsables, et ne plus y admettre les premiers oisifs venus en quête d'une situation sociale. Éliminer les bons-à-tout à l'égal des propres-à-rien... c'est un programme qui satisfait tout le monde, qui exige de chacun son apport à la communauté ; qui sanctifie le travail et l'impose à tous ; qui place le salut de la Patrie au-dessus des conflits d'opinion. Telle est la doctrine de Mussolini, tel est le « mussolinisme italien ».

Insistons sur la part considérable de syndicalisme que le mussolinisme contient, non seulement parce que toute doctrine, de nos jours, doit lui réserver une large place, mais encore parce que Mussolini, s'il n'a pas hésité à combattre les erreurs du socialisme d'où il vient, sera toujours prêt à en exalter les vérités salubres. En Italie, comme en France, comme partout, le syndicalisme peut sauver la nation ou la perdre, selon l'orientation que ses chefs voudront lui donner. Intelligemment, dignement conduit vers des buts réellement tangibles, il doit rapprocher le peuple de

son idéal et « faire du bonheur » ; lancé
à l'aveuglette contre des forces indispensables à la vie organique de la société,
contempteur de la raison et de la logique, il ne fera que détruire sans jamais
rien créer.

Il est certain que l'évangile socialiste
enseigné au monde par Karl Marx et ses
disciples apparaît, en face des problèmes
actuels, comme un document sénile et
périmé. Les conditions présentes sont
tellement différentes de celles de 1880
que l'on ne saurait décemment invoquer
un pareil code dont l'indigence est manifeste. Le procès du capitalisme, tel que
l'a instruit le socialisme vieux jeu, est devenu de la sottise pure aggravée d'igno-
rance. S'il existe en réalité, à la charge du
capital, nombre d'abus et de profits exces-

sifs par quoi les ouvriers sont lésés, en re-
vanche la direction d'une affaire industrielle impose, outre le savoir technique,
des responsabilités, des dépenses, des efforts
et des soucis fort grands. Il est donc
absurde que l'ouvrier, surtout au lendemain
d'une guerre ruineuse, continue de s'hyp-
notiser sur les gains de son patron, attendu
que, tous comptes faits et après avoir pris
en considération le capital immobilisé,
l'intérêt à servir, les risques, les déboires
et tous les tracas consécutifs à une entreprise industrielle, c'est bien souvent la
journée de l'ouvrier qui se solde par le
minimum de perte et de tourment.

Mais le socialisme crut bien découvrir
une nouvelle Terre Promise susceptible
de remplacer le vieux paradis jaurèsien
un peu démodé, lorsqu'il se mua en bol-

chevisme avec, au centre, un État dispensateur, un État-patron, en un mot, l'État Lénine. En dépit des résultats déplorables acquis par ce système en Russie, il est probable que les ouvriers italiens, si pressés, naguère, d'occuper les usines, n'ont fait que céder à la pression de l'opinion publique en les rendant à leurs propriétaires, et qu'au fond d'eux-mêmes ils gardent une certaine dévotion à l'autel communiste. Mussolini aura donc à leur inculquer que l'État, entre tous les patrons, est le moins accessible et le moins compétent. Si l'État se mêle d'évincer le capitalisme pour se mettre à sa place et prendre la direction des entreprises, faut-il encore qu'il en soit capable, et le régime des monopoles qu'il détient ne semble pas en fournir la preuve. Admettons toutefois que l'État soit un chef lucide; le caractère individuel des entreprises changerait-il ? Mais non, l'exploitation, la fabrique demeureraient à la place qu'elles occupent, dans les mêmes conditions qu'auparavant, car le travail de manufacture, subordonné au rendement et à la recette, n'a rien à voir avec tel ou tel autre mode de direction. Les ouvriers, dira-t-on, ne seraient plus obligés d'obéir au capitaliste ?... Soit, mais le fonctionnaire serait-il plus accommodant, avec son règlement, sa bureaucratie et son favoritisme ?

Mussolini a déclaré : dans dix ans l'Italie ne sera plus qu'une immense usine. Ainsi a-t-il taillé la besogne même du mussolinisme, drapeau sous lequel les classes doivent réaliser une association intime pour un résultat unique. Le mussolinisme, c'est *l'Italie par l'Italie*. Autrement dit, ce doit être, à bref délai, la collaboration et l'union des classes.

Eh bien, dans une collaboration des classes animées par un syndicalisme de la bonne école, l'organisation ouvrière aura des capacités et des droits dont elle n'a pas même l'idée à l'heure actuelle, qui ne porteront aucune atteinte aux droits et aux capacités du patron, et qui feront des salariés une puissance infiniment plus respectable qu'elle ne l'est aujourd'hui. Loin de nous la pensée de prophétiser, mais si l'Italie ouvrière consent à marcher dans la voie que lui trace le chef du Fascisme, on est fondé à prédire hardiment qu'elle fera un jour l'admiration de l'univers entier.

Les vieux libéraux italiens ne sont pas sans appréhender, dans un proche avenir, une tendance à raffermir la puissance de l'Eglise... Ils voient menacé le temple de la libre-pensée, asile tutélaire de la foi quarante-huitarde. Ils ne se rendent pas compte que le peuple italien ne peut pas se contenter d'une morale sèchement abstraite. Ce sont des symboles qui lui sont nécessaires, des images qu'il puisse voir et toucher. On ne renverse pas du jour au lendemain des traditions millénaires, sans risque de désorienter la nation. Et l'on ne peut empêcher que Rome, capitale de l'Italie, soit aussi la capitale spirituelle du monde latin.

La société humaine a subi bien des métamorphoses depuis le jour où le premier pape fit de Rome le siège de son gou-

vernement ; pourtant bien hardi qui pourrait affirmer que le prestige de la Rome
catholique s'est amoindri dans le monde.
Car ce gouvernement existe, encore que
limité aujourd'hui au pouvoir spirituel ;
le privilège d'intervention, les évêques
de Rome n'ont jamais cessé de le revendi-
quer, afin que leur autorité se perpétue,
suivant la parole du Christ « jusqu'à la
consommation des siècles ». Bon gré mal
gré, l'iconoclaste le plus frénétique se
trouve ici devant un monument qui, par
une résistance dont les preuves sont faites,
défie ses puérils assauts. La primauté de
Rome, en tant que capitale de la chrétienté est fondée d'abord sur l'importance
morale et politique de la ville de Rome
— ce qui démontre bien qu'au regard
des historiens Rome n'est qu'une — ;

ensuite sur le mérite propre de ses évêques qui, tous, sont honorés comme saints
et dont un grand nombre furent martyrs;
enfin sur la pureté de la doctrine qu'ils
enseignent, sans jamais altérer la parole
du Christ, aucun d'eux n'ayant encouru
même le soupçon d'hérésie.

La vénération pour ainsi dire universelle qui entoure le Vatican — et à
laquelle les peuples de confession différente ont grand'peine à se dérober —
a donc des origines trop profondes pour
redouter les événements ou les hommes.
Mais, en Italie, cette vénération est d'autant plus grande que plusieurs papes,
et non des moindres — Jules II, Léon X
entre autres — pratiquèrent une politique inspirée d'un singulier amour de la
patrie italienne. Le rayonnement intellec-

tuel que l'Italie exerça si longtemps sur l'Europe et qui revient constamment sous la plume des écrivains, c'est l'œuvre du Vatican, c'est la conséquence d'un mouvement précurseur du Nationalisme moderne. L'action vigoureuse des papes, depuis quelque cent ans dans toutes les préoccupations sociales du monde chrétien et qui s'est traduite par le rétablissement de la hiérarchie catholique aux États-Unis, en Hollande et en Angleterre, la multiplication des missions étrangères, l'adresse conciliante déployée par le Saint-Siège dans ses rapports avec les divers gouvernements, cette action est incontestablement pour une part considérable dans la majesté de Rome. Il s'ensuit qu'un gouvernement — celui de Mussolini ou un autre — consentirait, en feignant d'ignorer la politique du Vatican, l'abandon d'un immense élément de prestige. Ne pas faire entrer en ligne de compte, à Rome, la puissance de l'Église romaine, serait donc, pour un chef politique, admettre de prime abord une limitation à sa zone d'activité, ce serait aussi refuser de mettre à profit les immenses ressources de propagande que, seule, l'Église possède... Enfin, ce serait léser gravement l'esprit national dans ses plus intimes traditions. Mussolini n'a garde de sacrifier d'aussi hauts intérêts au dogme laïc, d'autant plus que celui-ci ne s'est pas substitué aux anciennes croyances; il n'a fait que se juxtaposer à elles.

En France même, pays où l'indifférence religieuse est grande, principalement dans les centres d'activité, la moindre commotion

permet de constater combien cette indifférence est factice. Un danger public suffit
à ramener les pires négateurs au pied des
autels. La grande guerre a rendu au clergé
son ancien prestige intact. Et, d'ailleurs,
à quoi bon priver les peuples d'une religion officielle ? L'angoisse humaine, le
besoin de croire, la confiance dans la
prière adopteront d'autres formes si on
leur enlève celle qui leur est familière; des
dévotions plus ou moins étranges prendront
la place du culte aboli et rien ne sera
changé, que les simulacres.

Montesquieu a écrit dans son *Esprit
des Lois :*

« L'idée que Dieu n'est pas suit l'idée
de notre indépendance ; ou, si nous ne
pouvons pas avoir cette idée, celle de
notre révolte. Dire que la religion n'est pas

un motif réprimant parce qu'elle ne ré-
prime pas toujours, c'est dire que les lois
civiles ne sont pas un motif réprimant
non plus. C'est mal raisonner contre la
religion, de rassembler dans un grand
ouvrage une longue énumération des maux
qu'elle a produits, si l'on ne fait de même
des biens qu'elle a faits. Si je voulais ra-
conter tous les maux qu'ont produits dans
le monde les lois civiles, la monarchie, le
gouvernement républicain, je dirais des
choses effroyables.

« ... La question n'est pas de savoir s'il
vaudrait mieux qu'un certain homme ou
qu'un certain peuple n'eût point de religion,
que d'abuser de celle qu'il a; mais de savoir
quel est le moindre mal, que l'on abuse
quelquefois de la religion, ou qu'il n'y en
ait point du tout parmi les hommes. »

Ainsi, en admettant que Mussolini, comme on lui en prête l'intention, voie dans l'exercice de la religion une garantie d'éducation civique et prenne cette garantie pour auxiliaire de sa propre mission, il sera d'accord avec l'un des plus pénétrants moralistes et des moins suspects que le monde ait connus.

Tout autant, sinon plus encore que par sa politique intérieure, c'est par son attitude vis-à-vis des autres puissances qu'une nation affirme sa dignité. La politique extérieure de l'Italie est sans contredit l'une des plus malaisées qui soient. Ce que n'a pas fait le traité de Versailles, c'est au Fascisme qu'il échoit de le

réaliser. Mussolini, nous le montrerons
bientôt, sut exprimer fort clairement ses
intentions à cet égard. L'Italie doit continuer son ascension ; or, le prestige d'une
puissance européenne, de nos jours, résulte non moins de son importance territoriale que de son mérite intrinsèque.
Et l'on arrive à l'une des préoccupations
aiguës entre toutes du peuple italien, à
l'expansion coloniale. L'Italie demeure
prolifique, et c'est sa gloire au milieu de
tant de nations stériles. Sa population est
de 37 millions d'habitants pour une super-
ficie de 300.000 kilomètres carrés seulement, ce qui donne, par kilomètre carré,
123 habitants. Mais ces chiffres ne sont
que provisoires, car les familles italiennes
ont une conception très haute de leur devoir social, en sorte que la population ne

cesse d'augmenter. Il s'ensuit obligatoirement que l'Italie est, par excellence, un peuple d'expansion et que des territoires annexes lui sont indispensables. La France qui, elle, ne compte que 66 habitants par kilomètre carré, ne possède-t-elle pas le second empire colonial ? Certes, il lui a coûté cher, elle l'a payé de son sang et de son or, mais cette considération, pour noble qu'elle soit, ne dissipe en rien le malaise de sa voisine latine. Forcée de chercher en dehors d'elle-même des champs d'activité pour sa nombreuse population, le plus sacré de ses biens, la base de sa grandeur future, l'Italie se voit condamnée à l'émigration à outrance, à moins que des revisions n'amendent à son égard les traités trop légèrement conclus.

L'acquisition de territoires outre-mer
fait donc l'objet des préoccupations cons-
tantes du gouvernement fasciste, en la
personne du ministre des Colonies, Luigi
Federzoni. Cerveau puissant, organisateur
incomparable, grand travailleur, M. Federzoni, le magistral leader du Nationalisme,
a déjà pu réaliser de vastes progrès dans
l'italianisation de la Cyrénaïque, qui pro-
met d'être, dans un laps de temps très
court, une colonie modèle. Son attention,
en outre, demeure acquise à l'amélioration des rapports entre la métropole et
les pays coloniaux, à la systématisation des
échanges du trafic commercial, à la création de nouveaux organismes dans le
domaine de la marine marchande. Il est,
par excellence, l'homme qu'il faut à la
place qu'il faut et sa collaboration, dans

l'ensemble de l'œuvre fasciste, équivaut à
une garantie de rectitude.

L'Italie a perdu six cent mille hommes
dans la guerre commune ; elle aurait dû
recevoir, aux dépens des vaincus, l'in-
demnité territoriale correspondant à la vie
de six cent mille colons. Ceux-ci, elle se
charge de les donner ; comme cette Mala-
testa du Quatrocento, sommée de se
rendre sous peine de voir périr ses enfants
captifs, elle dit, montrant ses flancs glorieux : « Voilà de quoi en faire d'autres ! »
Mais, en confisquant les colonies allemandes, on n'a pas songé, il faut croire,
à l'Italie trop à l'étroit. On a même jugé
superflu de lui attribuer la Dalmatie sans

réserve ; on a contraint le peuple italien à continuer de s'expatrier, oubliant que ce mot la blesse au plus sensible d'elle-même, puisque tout Italien revient vieillir et mourir sous son ciel, devant ses montagnes, au bord de ses vignes, quelque douceur ou quelque bien-être que lui offre le sol étranger.

PREUVE

Partez pour l'Italie, cheminez à travers ses campagnes, arrêtez-vous à la lisière des cultures et causez avec les paysans. A l'auberge, tandis que quelque belle et robuste fille à la peau ambrée vous apporte un fiasco de ce vin qui sent la mûre et l'airelle, demandez autour de vous ce que l'on pense de la politique italienne. Dans les villes, à Rome, à Milan, à Turin, à Gênes, où le travail est roi, interrogez les commerçants, les industriels, les armateurs... Et vous entendrez ceci :

— C'est comme une ère nouvelle qui s'ouvrirait pour l'Italie. Pour la première fois depuis bien longtemps, nous avons un chef de gouvernement qui parle un autre langage que le langage politique. M. Giolitti, M. Nitti, M. Facta, c'étaient des politiciens qui, dans leurs discours et leurs allocutions aux citadins ou aux paysans, aux ouvriers ou aux patrons, semblaient toujours s'adresser à une assemblée parlementaire invisible, en sorte que leurs paroles dépassaient l'auditoire auquel, cependant, elles étaient destinées. Il en résultait un manque de liaison entre le public et les Pouvoirs, une incompréhension de la part du premier, et, de la part des seconds, une méconnaissance totale des besoins de la nation, de ses aspirations et de ses craintes.

En effet, tout différent est Mussolini qui n'a pas reçu l'éducation des ordinaires hommes d'État. Il n'a pas, comme tant d'autres, noué ces camaraderies de collège qui retentissent si fâcheusement sur l'indépendance d'esprit des politiciens arrivés; son intelligence n'a pas été coulée dans le moule arbitraire qui rend si pareillement médiocres tous les hommes d'une certaine catégorie; son jugement n'a pas reçu cette courbe spéciale qui permet d'ignorer les périls et de pratiquer de la meilleure foi du monde la politique d'autruche... Enfin il n'est pas de ceux qui, profondément enfoncés dans le fauteuil ministériel, disent, lorsque les difficultés surgissent : « On devrait faire ceci... pourquoi n'a-t-on pas fait cela ?... » Mussolini, lui, est issu des couches pro-

fondes, jailli du fertile humus où plongent
et se nourrissent les racines du peuple ;
de bonne heure il a dû batailler pour vivre ; il a travaillé tôt et durement ; l'aurore a souvent vu sa lampe allumée.
Ainsi des idées neuves et impatientes ont
grondé en lui ; pour les jeter dans l'es-
pace, il est devenu polémiste, et de polémiste, proscrit. C'est l'école des aigles.
Dans l'exil, il vit comme il peut, mais il
pense comme il veut. La pauvreté fouaille
sa colère, irrite son génie, trempe sa résistance. Il parle un net langage, dépourvu
de grâces de rhétorique, il écrit des articles stridents... Et, quand son jour arrive,
il est armé comme il faut l'être, il a
tout ce que la lutte exige : carrure, volonté, autorité !

Autorité réconfortante et volonté communicative. Le mouvement fasciste, si puissamment conduit, a rendu à chacun, en Italie, ce vaillant optimisme sans lequel les nations méditerranéennes ne sauraient croître ni prospérer.

Autorité réconfortante par cela même qu'on la sent inflexible ; autorité qui a sa source dans un patriotisme qui ne transige pas. Sa doctrine de chef d'État, Mussolini, dès le premier jour l'a proclamée à la face de tous :

« Je veux gouverner avec l'assentiment du plus grand nombre. Mais, aussi long-temps que cette majorité ne se formera pas, il me faut réaliser le maximum de force disponible. Car cette force même créera plus tard l'assentiment que je souhaite, et, si l'assentiment fait défaut, la force, du moins, subsistera.

« Dans toutes les résolutions que nous prendrons, nous placerons les citoyens devant ce dilemme : ou bien les accepter par esprit de patriotisme, ou bien les subir. Ce n'est pas autrement que je conçois l'État et l'art de gouverner. »

Nationalisme. Si chaque Italien, à l'heure où nous sommes, goûte un repos d'esprit dont la véhémence socialiste ne l'avait que trop privé, c'est qu'en lui la notion de conscience s'est refaite. Le Nationalisme adopté par Mussolini et ses Fascistes peut être appelé en effet : le réveil de la conscience nationale. « Des mots ! s'écrieront les négateurs ; un système politique impose un tracé plus net ! » Ceci n'est pas absolument

certain et Mussolini l'a dit aux Milanais,
un jour : « Il faut que nous soyons
tantôt gaiement révolutionnaires, tantôt
réactionnaires fieffés ! » A quoi bon un
programme rigide qui ne cadre pas avec
les circonstances, que signifie un système
politique fait d'avance et applicable aux
événements au petit bonheur ?... Est-ce
à dire que le Nationalisme italien demeure
encore imprécis? Non pas, ses buts sont
aussi fixes que ses chemins pour y atteindre
sont droits :

Paix à l'intérieur ; extinction de la
lutte des classes ; fusion obligatoire des
partis au profit du travail et, par conséquent, de la prospérité.

Régénération du travail par une nouvelle doctrine syndicaliste. Adoption d'un
régime économique moins étroit.

Modification de la représentation politique. Suppression d'un Parlement incom-
pétent pour faire place à une Assemblée
susceptible de connaître des problèmes
qui lui sont soumis. Subordination absolue
de l'intérêt particulier à l'intérêt général.

Abandon par l'Etat de sa mainmise
sur les services ou exploitations publics.
Renforcement du pouvoir de l'Etat dans
ses trois domaines stricts :

1° l'ordre public ;

2° la défense nationale ;

3° l'enseignement.

Telles sont les paroles que m'a dites
Mussolini, à Rome, au printemps de cette
année.

Enfin, harmonie, liberté, discipline,
union des droits et des devoirs, travail,
confiance, patriotisme. Et, à l'extérieur,

redressement du prestige national, sans impérialisme aucun.

Mussolini a dit encore :

« Nous marchons droit à la réalité. Il y a des valeurs sorties du prolétariat qui doivent être protégées et encouragées ; il faut pourtant admettre que la bourgeoisie, responsable des entreprises, puisse gouverner tranquillement ses affaires. Tout le peuple doit rivaliser dans le concours des volontés dont Mazzini définissait les conditions : liberté et discipline.

« Et il faut travailler, la restauration du pays est urgente ! Le communisme est une prétention grotesque, digne d'une tribu sauvage. Il est ridicule de vouloir partager ce qui n'existe pas, ridicule de vouloir socialiser la pauvreté *et de parler de communisme dans un pays où les*

hommes sont délicatement, divinement per-
sonnels.

« ... Pour l'Italie, il n'est plus question
d'entrer dans le socialisme, nous y sommes
déjà. Il s'agit d'en sortir. *Il s'agit de reti-*
rer à l'Etat des attributions pour les-
quelles il n'a pas de compétence et dont il
s'acquitte mal. On ne reconstruira pas à
moins. »

Voilà qui est vigoureux et qui en dit
long!

**L'œuvre
accomplie.** On l'a dit, le gouvernement fasciste est
un gouvernement de travail; on ne le ré-
pétera jamais assez. Ce relèvement pour
ainsi dire instantané de l'Italie se passe
de commentaires; cependant, les phrases

les plus persuasives ne valent pas un document... Or, ici, les documents ont une
beauté sans égale.

Pour la clarté de notre démonstration,
il devient nécessaire que nous entrions
dans quelques détails administratifs et
que nous fassions même un peu de
comptabilité.

Le gouvernement fasciste a immédiatement mis à l'étude la solution des
nombreux problèmes économiques et
financiers qui paralysaient la vie de la
nation; à cet effet il a envisagé des mesures de trois sortes différentes :

a) Restauration de l'organisation privée
de la production, plus économique et plus

rémunératrice que l'organisation d'État;

b) Protection du capital privé, ce qui, d'une part, engage à économiser et, d'autre part, incite les épargnants à mettre en circulation leurs capitaux;

c) Reconnaissance de la nécessité du capital comme élément essentiel à la production, étant donné que la propriété privée du capital est l'unique moyen qui permette d'obtenir la constitution et l'accroissement de la richesse.

Ce problème est celui qui prime tous les autres dans l'esprit du nouveau gouvernement; sous les gouvernements précédents le capital était l'objet d'entraves sans nombre; tout au contraire le gouvernement fasciste désire en favoriser, par tous les moyens possibles, l'accumulation.

En outre, le gouvernement se préoc-

cupe d'assurer au travail une protection
équitable, le travail étant le second
facteur de la production. Capital et travail sont donc les deux bases sur lesquelles
repose tout l'édifice de réorganisation économique et financière de la nouvelle Italie.

Trop longtemps en Italie on a consi- **Le problème**
déré le problème fiscal en le tenant éloi- **fiscal.**
gné de sa base naturelle qui est l'écono--
mie de la nation. Le nouveau gouvernement estime qu'il ne pourra réaliser
des recettes abondantes qu'à la condition
d'apporter, dans la production, une telle
aisance et un tel bien-être que les exigences fiscales soient considérées comme
normales par les premiers intéressés.

179

L'œuvre financière tend avant tout à simplifier l'organisation fiscale qui, déjà confuse avant la guerre, a acquis depuis encore un surcroît de complications. Il s'agit également de supprimer quantité d'exemptions fiscales non justifiées et aussi de mettre un terme aux évasions fiscales. Ce sont là les points principaux du programme arrêté par l'éminent ministre des Finances et du Trésor, M. de Stefani.

Abolition de la nomina= tivité obligatoire des titres. On sait qu'une loi prévoyait la nominativité obligatoire des titres, et cela en vue d'empêcher les évasions fiscales relativement à l'impôt sur la richesse mobilière. Cette loi eut pour résultats immédiats de mettre les capitalistes en défiance contre toute forme d'emploi de leurs disponibilités, soit en titres d'État, soit en titres privés. Le gouvernement a pu se rendre compte, dès l'abolition de cette loi, qu'il avait restitué au public une confiance sans laquelle toute collaboration financière est impossible.

Des dispositions spéciales ont été arrê- tées pour faire bénéficier d'une exemp- tion de l'impôt sur la richesse mobilière les emprunts et obligations contractés et placés à l'étranger. Cette exemption a un caractère temporaire ; en effet elle est appliquée aux emprunts qui seront contractés et aux obligations qui seront placées à l'étranger jusqu'au 31 décembre 1925. Elle peut être accordée :

1° Aux sociétés nationales quelle que soit leur forme ;

2° Aux sociétés constituées ou qui se cons-
titueront à l'étranger pourvu, cependant,
que leur siège social et l'objet principal de
leur entreprise soit dans le royaume ;

3° Aux communes et aux provinces ;

4° Aux institutions légalement constituées.

Cette mesure d'exemption — qui ne
peut être concédée que par le Ministre
des Finances avec l'autorisation du Conseil des Ministres — a supprimé l'une des
entraves les plus importantes à l'apport
des capitaux étrangers en Italie. Jusqu'à
présent les propriétaires qui exploitaient
directement leurs propriétés n'étaient
pas astreints au paiement de l'impôt sur
les revenus de ces dernières. Le nouveau
gouvernement a estimé qu'il y avait là
une inégalité injustifiée et a étendu

le dit impôt à cette catégorie de revenus.

Il est possible que l'impôt de richesse mobilière soit applicable à certains salaires ouvriers, par exemple lorsqu'il s'agit d'ouvriers qui, en raison de sociétés ou organismes dont ils dépendent, de rétributions perçues, se trouvent dans une condition privilégiée, tels que ouvriers d'État, des Provinces, des Communes et des exploitations autonomes.

Hormis l'impôt extraordinaire sur le patrimoine, tous les impôts extraordinaires devront prendre fin le 31 décembre 1923. Déjà pour cette année, on a réduit de moitié les aliquotes des impôts sur les administrateurs et directeurs de sociétés par actions.

Enfin, en matière de législation douanière, le gouvernement a montré, aussi

bien par la conclusion d'accords commerciaux que par les remaniements tari-
faires, qu'il est résolu à suivre une politique qui améliore les conditions pénibles
des consommateurs, tout en prenant en
considération néanmoins les conditions
actuelles de la production italienne. Notamment en ce qui touche à la production, au commerce et à la consommation du blé, le gouvernement a reconnu
la nécessité de proroger l'exemption douanière de ce produit ; en outre il a réduit
sensiblement les droits auxquels sont
soumis les farines et leurs dérivés. Il a
réduit de 7/10 à 2/10 le coefficient de
majoration applicable aux droits de douane
sur le sucre. Il a procédé à l'abolition
du droit de douane sur les engrais
chimiques, phosphatiques et azotés.

Une mesure d'une importance capitale, inspirée par le renforcement nécessaire de l'institution de la famille, inséparable de l'unité de la nation, a été décidée par le Conseil des Ministres. Il s'agit de l'abolition *complète* de tous impôts sur donations et successions entre les membres d'une même famille.

Le gouvernement a aussi aboli quantité de dispositions qui avaient pour premier effet de restreindre la liberté du commerce, entre autres celle de l'*equo prezzo* (juste prix) dont la classe commerçante retirait plus de vexations que les consommateurs de bienfaits réels. Dans le même ordre d'idées, le nouveau gouvernement a résolu d'abandonner le principe du monopole concernant les assurances sur la vie, monopole sanctionné par la loi du 4 avril 1912.

Au point de vue travail, le gouvernement de Mussolini entend donner aux classes ouvrières la notion d'une élévation morale et matérielle qu'elles n'ont jamais connue jusqu'ici.

Le chômage peut être considéré comme une atteinte même à la dignité de la classe ouvrière. A l'heure présente le nombre des chômeurs, qui a grandement diminué, n'est plus que d'environ 350.000. Le labeur du gouvernement tend à augmenter les débouchés de la main-

d'œuvre italienne à l'étranger et à accroître
les possibilités de travail à l'intérieur.
Pour ce qui concerne ce dernier, une
partie importante du fonds national de
chômage sera désormais affectée à des
avances provisoires pour des entreprises
de travaux publics, particulièrement propres à employer de la main-d'œuvre.
Simultanément, une organisation plus
efficace des services de placement et
d'assurance contre le chômage involon-
taire, permettra de réduire progressive-
ment celui-ci.

Il est question, enfin, de créer un
Conseil de l'Économie nationale pour
remplacer le Conseil supérieur du Travail.
Ce Conseil de l'Économie nationale aura
mission d'apporter une solution à tous
les problèmes intéressant, non seulement

les classes ouvrières, mais aussi tout ce qui concourt à la production nationale.

Services
publics.

Services publics. — La réorganisation financière dans le domaine administratif fait l'objet d'une attention particulière du gouvernement, tant pour alléger les organismes eux-mêmes que pour réaliser des économies budgétaires.

La simplification du ministère des Travaux publics est, à cet égard, des plus importantes. Le gouvernement a fait établir par un groupement de techniciens un programme de travaux publics, ceux-ci divisés en trois catégories : *a*) travaux urgents qui ne peuvent être ajournés ; *b*) travaux nécessaires ; *c*) tra-

vaux désirables. Sont à l'étude : la réorganisation des Chemins de fer; celle des
Postes et Télégraphes ; celle de l'Instruction publique ; celle de la Navigation
commerciale, etc., etc. Nous le verrons
plus loin, le principe de la cession de l'exploitation téléphonique à l'industrie privée a été décidée.

Le gouvernement fasciste a déjà procédé à la conclusion de nombreux traités commerciaux avec l'Espagne, l'Albanie
et les Pays Baltiques ; les conventions
passées avec la France et la Suisse ont
une importance toute particulière.

Au point de vue du tarif postal, télé-
graphique, téléphonique et radio-télégra-
phique, des accords ont été conclus avec

Traités de commerce.

quelques États dans le but de faciliter les relations politiques, économiques et commerciales. La pose d'un câble entre l'Italie et l'Amérique du Sud, d'un second câble entre l'Italie et l'Amérique du Nord et d'un troisième entre l'Italie et la Grèce délivreront l'Italie du contrôle étranger ; permettant ainsi d'activer les rapports entre la mère patrie et les millions d'Italiens établis sur le Nouveau Continent.

Réforme de la Défense militaire et navale. On sait que Mussolini a confié la défense territoriale et maritime de l'Italie a deux hommes illustres : le général Diaz et l'amiral Thaon de Revel. En plein accord avec eux, un programme considérable de réforme a été adopté. Les gouvernements précédents n'ayant pas cru devoir toucher au système financier des armées, n'ont jamais eu de contrôle réel sur l'emploi des sommes votées par le Parlement, de sorte que les résultats acquis n'étaient jamais en rapport avec les sacrifices consentis par la nation.

Le gouvernement fasciste a commencé par acquérir la notion exacte des besoins de l'armée moderne. Puis il a pris des mesures en conséquence et il se réserve d'étudier les résultats de l'expérience, étant donné que ces résultats ont été calculés comme devant échoir à bref délai. Ainsi il se rendra compte de la justesse de l'opération et aura un point de départ pour l'avenir.

Afin de pouvoir assumer en même temps

l'instruction et l'étendue des effectifs, le gouvernement a fixé la durée de service à dix-huit mois. Ce terme de dix-huit mois est supérieur à celui qui avait été prévu en 1920 ; il permet d'établir plus aisément l'ordre des dates d'appel et de licenciement, de manière que tout citoyen soit exactement renseigné sur son sort et puisse pourvoir à temps au soin de ses intérêts.

Le plan du gouvernement est que l'armée moderne, par sa constitution et sa force, réponde aux exigences de la nouvelle Italie ; autrement dit qu'elle soit en rapport direct avec le changement de la situation politique, le développement de l'industrie et du commerce, l'accroissement des besoins. Il est en effet indispensable que l'armée représente l'expression tangible de la volonté et de la juste ambition d'un peuple.

Il convient de compléter ici ce que nous avons dit au sujet de la création d'une milice nationale. Cette milice, dont la tâche consiste à maintenir dans le pays un ordre et une discipline purement civiques, est en même temps la meilleure école d'éducation et de préparation de l'armée. Son fonctionnement est parallèle à celui de l'armée elle-même, sans porter atteinte à celle-ci, sans empiéter sur ses prérogatives. Formée de volontaires, elle permet au pays de conserver l'action militaire proprement dite pour la seule défense de son territoire sans qu'il en coûte rien à la nation. Ainsi se trouve réalisée l'une des plus fortes paroles de Mussolini : « Le rôle de l'armée n'est que de faire la guerre. »

  Le chapitre de l'aviation fait l'objet d'un travail considérable, à l'élaboration duquel le Président Mussolini a personnellement contribué. Il est permis d'affirmer que l'Italie possédera bientôt une puissante armée de l'air. Mussolini ne saurait admettre que les services militaires ou navals ne disposent point à tout instant de tous les avions nécessaires. On se souvient que, lors des récentes éruptions de l'Etna qui mirent en péril la population sicilienne, Benito Mussolini ayant voulu se rendre sans surseoir sur les lieux des sinistres, exprima hautement son déplaisir d'être contraint, à notre époque, d'emprunter encore la voie ferrée dans une pareille urgence.

Le 13 mai 1923, au théâtre de la Scala de Milan, M. Alberto de Stefani, Ministre des Finances, prononça un discours nourri de faits et de chiffres dont le retentissement fut, à juste titre, considérable. En effet, par ce discours, M. de Stefani ne faisait rien moins que de soumettre au pays tout entier les comptes de gestion du gouvernement fasciste.

Il résulte de ce travail que, depuis le commencement de la réorganisation financière, laquelle, à cette date du 13 mai 1923, ne remontait pas à plus de cinq mois, les résultats suivants étaient acquis :

1° Limitation, au profit de l'État et dans une notable proportion, des libertés financières des Communes.

2° Simplification des impositions ; exemple : les contributions directes ont été totalisées en trois « titres » : terrains, immeubles, richesses mobilières, au lieu des douze qui existaient avant la réforme. En allégeant certaines contributions et en grevant certaines autres, on a réalisé la politique des compensations partout où il a été possible.

3° Le budget de la Défense nationale a été réduit à trois milliards, soit une économie de 338 millions sur le budget présenté à la Chambre au mois de novembre 1922.

4° Le budget des Travaux publics a été fixé à un milliard, soit une économie de 221 millions sur le budget antérieurement présenté. Ce budget d'un milliard n'en demeure pas moins six fois supérieur à celui d'avant-guerre.

5° La Dette publique relativement aux chemins de fer sera, pour l'exercice 1923-1924, de 374 millions au lieu des 654 prévus dans le budget de novembre 1922. Économie : 280 millions, dont 180 pour diminution de frais et 100 pour augmentation d'entrées. Une amélioration ultérieure de 264 millions sera réalisée au cours de l'exercice 1924-25 ; la libération totale de la Dette sera atteinte au cours de l'exercice 1925-26, sans préjudice d'une cession éventuelle de l'exploitation des chemins de fer à l'industrie privée.

6° Les pensions privilégiées de guerre ont atteint le maximun avec un milliard 214 millions. La phase de déclin commence déjà ; on peut en effet prévoir pour cette année (1923) une économie de

60 millions, qui sera suivie d'autres
beaucoup plus importantes.

Pour avoir un aperçu de la réduction
du nombre des fonctionnaires publics
considérés comme superflus pár le gouvernement, il suffit d'indiquer que, dans
les seuls ministères de la Guerre et de la
Marine, 7.650 ouvriers ont été mis en
congé. Le personnel licencié reçoit une
pension temporaire et le personnel qui
reste en fonctions est rétribué en raison
directe de sa capacité de travail.

Le Président du Conseil a dit expres-
sément ceci :

« Nous avons promis d'équilibrer le
budget de l'État ; nous devons à tout
prix réaliser cette promesse. Si l'économie
de la nation s'écroule, tout ce qui vit
de la nation subira le même sort. »

En cinq mois de travail, le gouverne- ment fasciste a réalisé au profit de la nation les économies suivantes :

Abolition de la Garde royale. . . .	285	millions
Budget des Chemins de fer. . . .	280	—
Budget des Travaux publics. . . .	221	—
Réduction des dépenses militaires. .	152	—
Gestion des Postes, Télégraphes, Téléphones	101	—
Intérêts des dettes qu'il aurait fallu contracter pour faire face à l'ancien déséquilibre budgétaire.	100	—
Amélioration apportée au Ministère des Finances et dans le corps de la Garde Royale des Finances. . .	75	—
Services pour les Terres libérées. . .	61	—
Réduction des frais du Ministère de l'Industrie, Commerce et Travail .	43	—
Réduction des frais du Ministère de l'Intérieur	33	—
Réduction des frais de l'Instruction publique	29	—
Réduction des frais de l'Agriculture .	23	—
Réduction des frais de la Justice . .	23	—

A reporter . 1 milliard 426 millions

Report . 1 milliard 426 millions

Réduction des frais des Colonies . . 14 —
Réduction des frais des Affaires Étran-
   gères. . . . . 3 —
Réduction de frais divers . . . . . 10 —
Réduction dans l'achat des tabacs. . 78 —
Abolition du monopole des allumettes 65 —
Total. . 1 milliard 596 millions

Cette formidable économie a été obtenue sans qu'il fût porté atteinte le moins du monde à la bonne marche des services essentiels de l'État et sans que leur réorganisation se soit traduite par un ralentissement quelconque.

En résumé, à l'époque où le Roi confiait à Benito Mussolini la mission de gouverner l'Italie, le passif se chiffrait ainsi en millions :

Passif officiel 3.558
Passif réel 3.586
Passif présumé (pour frais non
   portés dans le budget). . . . 4.000

En mai 1923, les chiffres étaient les suivants :

Passif officiel 2.616
Passif réel 1.187

L'amélioration budgétaire officielle est donc en millions de 942, l'amélioration réelle de 2.339 et l'amélioration vis-à-vis du passif présumé de 2.813.

L'Italie attend d'une réorganisation générale européenne la liquidation de ses dettes vis-à-vis de l'Angleterre. Elle est décidée à faire honneur à sa signature vis-à-vis de l'Amérique, mais elle lui demande des facilités proportionnelles aux facilités consenties à l'Angleterre.

Bref, la situation économique est très sensiblement améliorée. Le chômage diminue, la bascule commerciale marque

14

un progrès manifeste ; la circulation fiduciaire tend à décroître ; le cours des actions monte ; le trafic des chemins de fer est, lui aussi, en augmentation, et le nombre des faillites reprend le rythme normal des périodes de liquidation des crises.

  L'abolition du monopole des téléphones est déjà, en Italie, un fait virtuellement accompli. Cette mesure si souvent réclamée, envisagée, étudiée dans d'autres pays, jamais résolue, jamais réalisée, un homme enfin l'applique et personne ne s'en trouve plus mal.

De la concurrence naîtront forcément le perfectionnement de l'appareillage et l'abaissement des tarifs. Le citoyen ne pourra qu'y gagner et l'Etat n'y perdra rien, étant donné qu'il sera toujours l'arbitre des concessions, le maître des contrats. En louant à haut prix le sol des cités aux poseurs de câbles, il sera rigoureusement dans son rôle nationaliste ; il exploitera le terrain de la nation pour le plus grand profit du Trésor de la nation, et il se soustraira aux difficultés purement commerciales qu'il est mal placé pour combattre et qui sont incompatibles avec sa dignité.

Cette renonciation aux monopoles doit amener très vite la fin du fonctionnarisme, mais si pénible soit-elle aux partisans de l'*aurea mediocritas*, rien n'est plus désirable pour un peuple actif et ambitieux. Tout fonctionnaire, en se refusant à la lutte pour la vie, prive le pays d'un effort individuel, lui ôte un peu de sa valeur combative, se retranche, en un mot, du *faisceau* commun. La sécurité, c'est l'image de l'immobilité, de la mort; l'inquiétude, au contraire, c'est le mouvement, axe de la vie. Que chaque citoyen développe en soi le sens des responsabilités, et ce tourment collectif engendrera une expansion salutaire et le nationalisme en sera accru et fortifié. Mussolini voit certainement très loin en abolissant les monopoles d'État : il ne veut rien moins que détruire le parasitisme dont souffre l'arbre nourricier du budget.

La réforme électorale. En même temps que le chef du Fascisme, très préoccupé de ne pas laisser altérer le prestige de ce dernier dans la

masse populaire, avait soin de réprimer
à propos certains excès du pouvoir, cer-
.taines erreurs de ses meilleurs partisans,
en même temps qu'il restituait à l'armée
régulière — quelque peu gênée par les
milices des « Chemises noires » — la
primauté qui lui est due, il étudiait acti-
vement la réconciliation de son parti avec
les formes parlementaires ; en d'autres
termes, pour s'installer solidement à Montecitorio il préparait la réforme électorale.

Élaboré par le Sous-Secrétaire d'État
à l'Intérieur, M. Acerbo, le texte de la
nouvelle loi électorale prévoit que l'Italie,
divisée en dix-huit régions, ne doit former en fait, qu'une circonscription unique.
Les deux tiers des sièges, c'est-à-dire
356 sièges sur 535 seront attribués au
parti qui obtiendra la majorité des voix.

Les 179 sièges complémentaires reviendront aux minorités, lesquelles se les partageront conformément aux règles de la représentation proportionnelle.

Le plan de Mussolini apparaît ici avec toute franchise ; comptant sur le triomphe du parti fasciste dans la bataille électorale, il met en œuvre les moyens d'en exprimer le maximum de résultats.

Cette majorité est certaine puisque l'arrivée du Fascisme au pouvoir a déterminé la désagrégation des autres partis. Les conservateurs et les nationalistes, de même que les libéraux de droite, s'y sont ralliés. Les libéraux de gauche, incarnés dans le sénateur Albertini, font encore quelques réserves de principe, mais la presse libérale semble entièrement favorable au gouvernement. La plupart du temps, on ne trouve aucune critique sérieuse contre Mussolini et les siens, ni dans la *Stampa,* ni dans le *Mondo*, ni dans le *Corriere della sera.*

Que dire des socialistes, sinon qu'ils ont perdu tout lien entre eux ! D'ailleurs il ne faut pas oublier que le Fascisme ayant une solide base syndicaliste, beaucoup de socialistes y ont adhéré tout naturellement.

Reste le parti populaire au sein duquel vient de se produire la scission éclatante qui lui a enlevé ses meilleurs membres et la plus grande partie de son influence. Amputé de la sorte, réduit aux sectaires et aux démagogues qui entourent Dom Sturzo détrôné, le parti populaire n'est guère de taille à faire face, devant les urnes, au colosse fasciste.

Enfin, le si adroit et si sagace Giolitti n'a-t-il pas exprimé d'une manière implicite, sans trop le dire tout en le disant, qu'il ne refuserait point, le cas échéant, d'apporter sa collaboration à la politique fasciste ? Et le Vatican ne donna-t-il pas son acquiescement au succès du Fascio en déléguant le doyen du Sacré-Collège, cardinal Vanutelli, au mariage de M. Finzi, Sous-Secrétaire d'État à l'Intérieur et l'un des principaux lieutenants de Mussolini et surtout en imposant à l'abbé Sturzo sa retraite de secrétaire général du parti populaire ?

La réforme des Codes. Par ailleurs, l'idéal de Mussolini est de restituer à la morale publique ses rigidités romaines. On en voit la preuve dans les déclarations prononcées à la tribune par le Garde des Sceaux Oviglio, relativement au projet de la loi sur la réforme du Code civil. La restauration familiale y est l'objet d'une pénétrante étude ; le nouveau texte réagit avec une force singulière contre le relâchement du lien conjugal et ne craint pas de préconiser des modifications profondes aux lois anciennes devenues inopérantes.

L'article suivant visant l'indissolubilité du mariage prévoit les « effets de l'absence » et la « disparition de personne », cas malheureusement trop fréquents chez les peuples migrateurs.

« Le point le plus passionnant et significatif, dit le Ministre, est celui qui concerne les effets personnels de l'absence et, tout spécialement, de la présomption de mort. L'argument devient grave s'il est considéré sous le rapport du deuxième mariage que le mari de la disparue (ou la femme du disparu) peut avoir contracté. Dans le cas où, à contrat de mariage signé, l'on oppose la survivance de la première épouse ou du premier époux, quels sont les effets juridiques vis-à-vis du mariage ? Est-ce le premier mariage qui doit compter, ou le deuxième ? Pour trancher la question il importe auparavant de fixer de façon absolue le principe de l'indissolubilité du mariage. Si ce principe est admis d'une manière implacable, les conséquences en deviennent purement logiques et inexorables. Dans le cas de l'absence, la validité sera donc l'apanage exclusif du premier mariage : le deuxième étant considéré comme nul dès son origine.

« Ainsi la nécessité sociale de l'indissolubilité du mariage éloigne toute autre préoccupation d'ordre particulier et ne s'arrête même pas devant l'injustice possible du fait spécifique. Il est évident que la réaffirmation du mariage primitif peut entraîner toute une série d'iniquités; mais celles-ci sont bien plus supportables que le danger de fêler une institution indispensable à la stabilité sociale.

« Que si, sur ce principe, on croit pouvoir transiger et admettre des raisons d'équité, alors toute solution est impossible dans les cas spécifiques. Et, de même qu'on peut résoudre, dans le sens favorable au deuxième mariage, le cas de l'absent, ou de l'absente, qui reparaît, de même on peut trouver petit à petit le chemin pour s'évader du principe strict et rigoureux de l'indissolubilité du mariage.

Ici encore, je m'en remettrai à la Commission parlementaire qui doit concourir avec le Gouvernement à l'élaboration de la nouvelle loi ; mais mon point de vue est nettement défavorable aux solutions accommodantes qui, sous un aspect flatteur, ouvrent le chemin à des prétentions bien plus grandes et bien moins équitables.

« Un autre problème qui a intéressé la Chambre est celui de la recherche de la paternité.Ici deux systèmes diamétralement opposés sont en présence : le Code italien qui défend toute investigation (sauf dans le cas d'enlèvement ou de viol) et le Code autrichien qui autorise, et même très largement, la recherche de la paternité.

« Il est vrai que les effets juridiques des deux systèmes sont différents : en tout cas, il faut résoudre ce problème : à savoir si, à la recherche de la paternité, on doit opposer encore l'obstacle insurmontable et l'exclusivisme de l'article 189 du Code civil italien.

« La solution de ce problème ne peut se trouver que dans un sens libéral. Il y a sur ce point désormais, l'unanimité des consentements : on ne discute guère que sur les limites à assigner à l'admission de la preuve de la paternité. Ces limites doivent-elles être déterminées d'après les cinq points mentionnés par les projets de la loi Scialoja et Meda, par la Commission parlementaire ? Ou bien doit-on plutôt les étendre à tous les cas où une relation intime est là pour établir de toute façon la paternité ? Cette deuxième solution est très dangereuse :

elle peut, si on adopte, même en cette
matière, l'extension du principe de la
complicité réciproque, se faire l'initiatrice
de toute une série de spéculations à base
de chantage, beaucoup plus dangereuses
qu'utiles au principe moral et social, le
seul que la réforme doive viser. »

Relativement au mariage, l'orateur
reconnaît comme un fait incontestable
que, surtout dans les provinces méridio-
nales de l'Italie où le sentiment unitaire
de la famille est très vif et constitue sans
doute une admirable force morale, la ré-
pugnance pour l'institution du divorce est
profonde et générale.

« Je dois ajouter, dit-il, que cette répu-
gnance est partagée par le peuple entier
de toute l'Italie. Elle a ses racines dans
la bourgeoisie qui travaille et dans

toute la partie saine de notre pays. C'est
un argument formidable que celui-ci,
contre l'institution du divorce. Je ne
donne aucune importance à l'argument
d'après lequel l'Italie est restée parmi les
dernières nations du monde civilisé qui
repoussent encore le divorce. Cette insis-
tance, cette fermeté de notre nation est,
à mon avis, très estimable, car elle signifie
une plus grande stabilité des rapports
familiaux et une plus haute conception
du mariage et des devoirs moraux que
celui-ci comporte.

« Ce n'est pas le cas de parler de
divorce : non plus que de le faire passer
en contrebande sous le nom de l'annula-
tion pour cause survenue.

« La loi, en tant que régulatrice de
rapports familiaux, prend un caractère

essentiellement publicitaire : les intérêts privés doivent donc, pour une raison plus que compréhensible de soumission, lui céder le pas. »

Les grandes lignes de la politique étrangère du nationalisme italien sont moins aisées à tracer, sans être, pour cela, imprécises. L'Italie a le juste souci d'obtenir de nouveaux accords relativement à la situation de Fiume. On ne peut raisonnablement envisager l'isolement de ce port qui risque de devenir, par le jeu des mésintelligences, un concurrent pour Trieste, alors qu'il doit en être l'associé. On ne peut admettre davantage que Zara ne soit pas rattaché au trafic adriatique. L'un des historiographes du Fascisme, Pietro Gorgolini, l'écrit fort justement : « Aucune rivalité ne doit opposer l'un à l'autre les ports des trois rivages. Gênes et Trieste, Fiume et Venise, Ancône et Bari ont chacun leurs intérêts particuliers, mais Gênes et Trieste, Fiume et Venise (et jusqu'à la française Marseille) ont le plus grand intérêt à s'entendre et à s'unir. Ils doivent s'unir pour faire face à la concurrence des ports septentrionaux. Et, à cet effet, nous conseillons de fonder un syndicat des ports italiens. En ce qui concerne particulièrement notre expansion commerciale en Orient, nous pensons que l'Adriatique doit disposer de lignes rapides, effectivement suivies par des navires à nous, parfaitement aménagés et chargés de produits italiens.

Cherchons à vendre, en dépit d'un marasme universel dont il est permis d'entrevoir et d'escompter la fin. »

Il y a dans cet exposé rapide une précieuse indication, l'amorce d'une entente des villes italo-françaises. S'il advient que les traités soient revisés, que les discordes s'effacent, grâce à une sage politique étrangère des questions économiques, l'espoir d'une fraternisation latine cessera brusquement d'être pure chimère et tous les espoirs seront permis.

Autour de Mussolini, parmi les Fascistes les plus éclairés, les plus actifs, des revendications se sont élevées, dès la première heure, inspirées par le plus noble patriotisme.

Le traité de Rapallo, hâtivement conclu, a retranché de l'Italie cette rive dalmate qui pourtant est foncièrement romaine. Il est hors de doute que les revendications du Fascisme ne laisseront à l'Europe aucun repos tant que les communes dalmates ne seront pas redevenues italiennes. Ce litige non résolu, c'est la paix menacée. Et la jeune Italie ne peut pas ne pas songer que l'Albanie est riche de gisements et de mines, que son passage y a laissé des traces profondes. Elle eût souhaité exercer là une influence bienfaisante.

Quant à l'italianisation du Haut Adige, on peut la considérer comme un fait acquis, n'en déplaise aux diplomaties opposées. Mussolini n'a pas le moins du monde l'intention de déloger du Brenner, mais, bien au contraire, de s'y incruster plus profondément. Au surplus, les homélies du Président Wilson, si fatales aux intérêts ita-

liens, n'ont rien changé à rien ; les nations plus
ou moins bluffées par le traité de Versailles
ont bien le droit de se souvenir que, le jour
où l'Empereur d'Autriche François-Joseph
décida de s'annexer la Bosnie et l'Her-
zégovine, cet escamotage pur et simple
de deux contrées libres indigna si peu le
monde que c'est tout juste si l'on en fit
la remarque.

Mais Mussolini lui-même par son im-
portant discours du 9 juin 1923, eut soin
de déterminer avec toute l'exactitude désirable, l'attitude de son gouvernement
dans la politique européenne.

« Sauf en ce qui concerne les frontières
qu'elle a conquises, dit-il, l'Italie a été
exclue dans les traités de paix des avantages économiques et coloniaux. Les pac-
tes solennels signés au cours de la guerre

sont toujours en vigueur, ils n'ont pas
été remplacés par d'autres, et la situation
d'infériorité faite à l'Italie pèse encore
lourdement sur l'économie de notre peuple. Il nous faut maintenant regagner le
terrain et le temps perdus.

« Depuis le mois d'octobre, la situation
s'est remarquablement améliorée ; tout le
monde sait que l'Italie entend suivre une
politique de sauvegarde énergique de
ses intérêts nationaux ; elle veut être
présente partout où ses intérêts vitaux
sont en jeu ; mais, en même temps, elle
est favorable à une action politique d'ordre général tendant à normaliser le plus
rapidement possible la situation du continent. Il est d'un intérêt primordial pour
l'Italie de hâter le règlement pacifique de
la crise européenne.

« Cette crise, depuis le traité de Versailles, est dominée par la question des réparations. Vis-à-vis de ce problème, la
situation fondamentale de l'Italie est la
suivante :

1° L'Allemagne peut et doit payer une
somme qui désormais paraît universellement précisée et qui est bien loin des
plusieurs centaines de milliards dont on
parla au lendemain de l'armistice ;

2° L'Italie ne pourrait pas tolérer des
modifications ou bouleversements d'ordre
territorial pouvant conduire à une hégémonie dans l'ordre politique, économique
et militaire ;

3° L'Italie est disposée à supporter sa
quote-part de sacrifices, si cela est nécessaire pour la reconstruction de l'économie
européenne ;

4° Le gouvernement italien soutient aujourd'hui plus que jamais, surtout vis-à-vis de la dernière note allemande, que le problème des réparations et celui des dettes interalliées européennes sont intimement connexes et, dans une certaine façon, interdépendants.

« Il n'y a pas de doute que l'occupation de la Rhur n'ait rendu extrêmement aiguë la crise des réparations. Il faut préciser dans leurs lignes principales les termes des projets italien, anglais et allemand pour avoir le tableau de la situation dans ses coïncidences et ses diversités, et déduire quelques prévisions sur la possibilité d'un accord. Pour cela, il faudra aussi expliquer pourquoi, à Paris, l'Italie n'a pas pu accepter le projet de M. Bonar Law et pourquoi elle a dû

refuser le récent mémoradum Cuno-Ro-
senberg.

. . . .

« La dette capitale allemande qui, dans
les projets anglais et italien, est fixée au
chiffre de 50 milliards, est réduite dans le
projet allemand à moins d'un tiers. Il est difficile, sinon impossible, de déterminer dans
un tel projet la partie italienne et le sacrifice que l'on demandait à l'Italie. Étant
donné les sollicitations venues de divers
côtés, surtout de la part de l'Angleterre
et de l'Italie, l'Allemagne a reconnu insuf-
fisantes ses propositions, et hier soir son
ambassadeur, M. Neurath, m'a présenté
une nouvelle note allemande sur le contenu et la nature de laquelle je ne peux
pas me prononcer, pour une raison évidente de réserve, car une action diplo-

matique entre alliés va s'engager et se poursuivre. Je me bornerai seulement à dire que, dans la note allemande, on ne demande plus, pour traiter, l'évacuation préventive de la Rhur, ce qui pourrait laisser croire à la renonciation par l'Allemagne de la résistance passive, dont l'utilité, même pour l'obtention des buts allemands, semble toujours plus douteuse, et dont la cessation serait profitable pour une plus rapide solution.

« Mais le problème des réparations n'est pas seulement franco-allemand, il est aussi hongrois, bulgare et autrichien. Il est utile de préciser la situation relativement à ces trois pays ex-ennemis.

« Le total des réparations hongroises, qui n'a pas été fixé par le traité de paix dit de Trianon, n'a pas encore été déterminé par la Commission des Réparations, et la Hongrie, jusqu'à présent, ne nous a donné que des fournitures limitées en nature ; le gouvernement hongrois, en dénonçant ses graves conditions économiques, a récemment envisagé la nécessité d'un emprunt à l'étranger qui, pour réussir, devait être garanti sur les douanes, le monopole des tabacs et, en l'occurrence, sur d'autres ressources. Il était nécessaire pour cela que ces ressources fussent libérées du gage des réparations.

« L'Italie a cru indispensable de concéder à la Hongrie la libération temporaire de quelques ressources, afin qu'elle puisse poursuivre sa restauration économique moyennant un emprunt étranger. L'Italie fut, en principe, favorable à la demande hongroise, d'accord en cela avec l'Angleterre. La Commission des Réparations accepta la thèse française et de la Petite-Entente, tendant à ne pas s'opposer à la demande anglaise de suspension temporaire des privilèges sur les ressources hongroises, nécessaires à garantir les emprunts autorisés, mais à n'accorder cette facilité qu'à la condition qu'une partie du produit de l'emprunt soit destinée aux réparations. L'Italie et l'Angleterre ne crurent pas devoir adhérer à ces conditions, car les prêteurs étrangers n'auraient pas consenti à l'opération si le produit n'était pas destiné uniquement à la restauration économique de l'État débiteur. La Commission des Réparations décida d'envoyer en Hongrie une commission pour constater sur les lieux la situation économique et financière du pays. En attendant, il n'est

pas exclu que la Commission des Réparations puisse examiner quelques transactions
complémentaires.

« Au sujet des réparations bulgares,
l'Italie, l'Angleterre et la France conclu-
rent un accord avec le gouvernement
bulgare pour lui faciliter le payement de
sa dette, fixée par le traité de Neuilly.
L'accord fut approuvé par la Commission
des Réparations, sous réserve de nos
droits pour le remboursement des dépenses
de l'armée d'occupation.

« Des négociations pour le règlement de
notre crédit sont en cours avec le gouvernement bulgare.

« En ce qui concerne l'Autriche, le gouvernement italien, avec les gouvernements
signataires des protocoles de Genève du
4 octobre 1922, s'est employé à obtenir

que l'emprunt en faveur de l'Autriche fût promptement et largement réalisé.

« En ajournant la perception des réparations autrichiennes et en donnant son adhésion à un concours direct d'emprunt, l'Italie a voulu offrir son appui à l'intégrité territoriale de l'Autriche.

.   .   .   .

« La Conférence de Lausanne, qui reprit ses travaux le 23 avril, avance lentement à travers des difficultés sérieuses résultant de la délicatesse et de la complexité des questions qu'elle doit examiner. L'action de la délégation italienne a été toujours marquée par une pleine objectivité et son efficacité a été reconnue et appréciée à sa juste valeur. L'Italie doit estimer comme étant de son intérêt vital le retour à la situation normale, la liberté du commerce

dans le Levant, le développement économique et le progrès civique de tous les
peuples qui habitent sur les bords de la
Méditerranée orientale. Bien que toutes
les questions n'aient pas encore été résolues
à Lausanne, on a pourtant obtenu une
solution satisfaisante pour quelques-unes
de celles qui intéressaient notre pays.
La réserve du gouvernement d'Angora
sur l'attribution à l'Italie de l'île de Cal-
telrosso, dont la possession par l'Italie ne
pouvait pas justifier la crainte de visées
agressives à l'égard de la Turquie, a été
retirée. Notre drapeau continuera à protéger, dans l'avenir, la population qui s'est
confiée à nous. Pour notre marine marchande qui, par une tradition séculaire,
a les plus grands intérêts dans les mers
du Levant où elle contribue au dévelop-

pement du commerce de la Turquie, on
a pu obtenir de celle-ci que, pendant
deux ans, les droits acquis pour le cabo-
tage le long des côtes de cet État soient
respectés. »

L'une des principales préoccupations de la politique étrangère italienne est, nous le répétons, l'émigration. Actuellement, les Italiens, forcés de s'expatrier, perdent contact avec la mère patrie, non pas sous le rapport des sentiments qui, chez eux, sont extraordinairement vivaces, mais au point de vue civique. La prévoyance fas- ciste considère qu'il y a là tous les élé- ments d'une force énorme, que si l'on parvient à multiplier les relations entre les Italiens du dehors, à les stimuler dans la défense de leurs intérêts et de leurs droits, à les suivre de telle façon qu'ils se sentent soutenus et protégés, on formera ainsi un bloc, une masse dense, homo-gène, éminemment profitable au progrès de l'influence italienne. Un sujet anglais, c'est toute l'Angleterre et qui le moleste risque de s'attirer de graves sanctions. Un *american citizen*, fût-il né paria, a reçu mission de faire respecter partout le drapeau étoilé... Cet exemple est à suivre ; il faut que la dignité italienne en terre étrangère soit défendue par tout Italien comme son bien personnel. Ainsi arriverait-on très rapidement à un relève-ment de l'idée nationale, ce qui est, en somme, la meilleure propagande, à con-dition, bien entendu, de ne point tomber

dans des excès de gloriole, ni dans des
erreurs d'ambition.

Par un ressentiment des plus compré- **L'orientation**
hensibles vis-à-vis de l'Entente, certains **dangereuse.**
Fascistes ne cachent point, dans leurs pro-
pos, dans leurs écrits, que le gouvernement de Mussolini ne serait point hostile
à un rapprochement avec les nations de
l'Europe centrale, Autriche, Allemagne,
Bulgarie, Turquie, Hongrie. Nous ne
croyons pas qu'il faille discerner dans cet
« avertissement » autre chose que l'expression d'un légitime dépit. Car la nouvelle Italie a mieux à faire que de tendre
les mains à des peuples dont la glouton-
nerie et la férocité sont légendaires. En

admettant même qu'ils en soient guéris
— et c'est bien peu vraisemblable — cette
guérison serait un peu trop récente pour
inspirer une absolue confiance au peuple
italien.

En outre, l'Italie victorieuse se doit à
elle-même de rechercher des associations
plus difficiles à réaliser. Que les puissances humiliées se rapprochent et tentent
de s'unir, cela est dans l'ordre logique...
Mais qu'un peuple vainqueur offre aux
vaincus l'appui de son épaule, c'est une
erreur psychologique. Certes, il faut se
garder, entre nations, des attitudes par
trop distantes et propices aux menues
vexations ; les plus fortes rancunes s'apaisent, le temps égalise les plus vives aspérités. Mais on doit non moins redouter
les impulsions téméraires. Et ceci me

ramène à l'œuvre considérable dont j'ai
entretenu Mussolini lui-même et qui
a reçu l'hommage de toute son attention.

Nombre de personnalités marquantes, **Pour une**
de qui l'opinion fait loi en économie poli- **Fédération**
tique, se préoccupent de l'action de plus **panlatine.**
en plus souveraine qu'exercent sur le
commerce du monde les groupements
germaniques et anglo-saxons, et déplorent
l'inertie des pays latins, passifs témoins de
cette expansion inquiétante. Tandis que
la France et l'Italie, l'Espagne et le Portugal observent l'un vis-à-vis de l'autre une
expectative stérile et se laissent diviser
par des questions de sentiment, d'autres

nations, les plus ambitieuses, les plus prolifiques n'accordent aucune importance
au point de vue sympathie, à la cote
d'amour, si prépondérante chez les Latins,
et n'hésitent point à passer outre à ces
bagatelles platoniques pour donner tous
leurs soins à la seule valeur durable, c'est-
à-dire aux affaires. C'est ainsi que l'Angleterre, voire les États-Unis, totalement
indifférents au degré d'affection qu'ils
peuvent avoir pour l'Allemagne et la Russie, ne demandent qu'à reprendre avec
ces dernières un trafic profitable à leurs
intérêts. Un client n'est pas nécessairement un ami ; peu importe que nos
fournisseurs nous détestent ou nous chérissent... En vérité, c'est une forme d'esprit toute féminine qui place l'amitié,
sinon l'amour, au premier plan des rela-

tions internationales. Sous ce rapport la France et même l'Italie témoignent d'une sensibilité singulière qui, pour être le défaut de leur qualité dominante, n'en est pas moins un défaut et un fort grand.

Dans la reconstruction de l'Europe, ce thème de tant d'allocutions, de conversations et d'interpellations qui n'ont encore abouti qu'à un puéril vacarme, il y a pourtant autre chose à faire que des grâces. Le temps que nous passons à des disputes de préséance, à des colloques tout enflés de mots sonores, les foules taciturnes du Nord, mais combien actives, l'utilisent à vendre et à acheter. A vendre à leurs ennemis d'hier qui sont leurs chalands d'aujourd'hui et, demain, le seront forcément davantage. A acheter à leurs antagonistes redevenus les producteurs de matières dont ils ont besoin plus que jamais.

Ces échanges commerciaux deviendront tôt ou tard des rapports plus étroits. Ces rapports imposeront des accords, ces accords, des traités de commerce et ces traités, des alliances. Alors, l'amour y jettera son ciment s'il lui plaît... et cela ne fera qu'ajouter à la solidité de l'édifice. Et vous, Latins sentimentaux, qu'aurez-vous fait ? Rien !... Et vous serez bien forcés de négocier avec l'omnipotence des firmes anglo-américo-russo-germaniques, sous peine de vous passer de céréales, de textiles et de minerais.

Mais bannissez tout à coup vos mésintelligences ; oubliez-les, mettez-les de côté pour en reprendre plus tard la liquidation. Ajournez le règlement du litige hispano-lusitanien, le règlement des contestations italo-françaises. Et que vos délégués plénipotentiaires, choisis parmi les marchands, les industriels, les manufacturiers, les armateurs, les agriculteurs, les banquiers, parmi ceux qui font l'argent et non ceux qui le regardent faire, que ces délégués se rencontrent loin des parlements et des parlementaires et se concertent sur le moyen d'associer la production de l'Italie, de la France, de la Belgique, de l'Espagne, de la Roumanie, du Portugal, de l'Amérique et de l'Afrique latines.

Non, ce n'est pas impossible ! Il existe moins d'abîmes entre la lire, le franc, la peseta, le lei et l'escudo qu'entre la livre, le dollar, le mark et le rouble. Or, nous ne tarderons pas à assister à des arrangements tels que le rouble et le mark se rappro-

cheront de l'étalon dollar et de sa com-
mère sterling. Non plus par la vertu provisoire des armes, mais par les offensives
financières, le négoce finira bien par lancer
des ponts entre Berlin, Moscou, Londres
et New-York. Et, ce jour-là, l'équilibre
déjà si instable des grandes puissances
sera définitivement compromis, puisque
toute la production se trouvera trustée par
les peuples maîtres.

Au contraire, que la Fédération panlatine entre dans une voie de réalisation, que Rome, Paris, Bruxelles, Madrid,
Lisbonne, Bucarest deviennent les six comp-
toirs d'une banque géante, voilà instantanément l'équilibre rétabli. Lignes ferro-
viaires, lignes maritimes, entrepôts, usines,
sans abandonner ni leur pavillon, ni leur au-
tonomie administrative, fonctionnent dans

un sens déterminé par la Fédération. Un organisme central permanent, subdivisé en comités, entraîne toute l'activité latine vers la surproduction commune... C'est, en somme, une autre Société des Nations qu'il s'agit de fonder, non pas une coûteuse et vaine bureaucratie comme celle de Genève, mais plutôt une forte organisation de travail pacifique et productif.

Un exemple à propos de cette dernière : avant que la grande guerre n'éclatât, l'Allemagne avait entrepris, sans en donner avis à personne, une vaste consultation internationale entre les pays sur lesquels la Wilhemstrasse croyait pouvoir compter,

Le plan des
" Huit B "

pour la création d'un réseau de chemins de fer dont la tête eût été Berlin et qui eût embrassé de ses tentacules la Suisse, l'Autriche-Hongrie, la Roumanie, la Bulgarie, la Turquie et la Syrie. Extrêmement populaire, ce plan, basé sur un emprunt colossal, eût fait affluer les souscriptions ; il était connu sous le nom de Plan des Huit B, savoir : Berlin, Berne, Budapest, Bucarest, Belgrade, Byzance, Beyrouth et Bagdad. Que la finance allemande ne se soit pas laissé tenter par l'aventure guerrière, qu'elle ait poursuivi ce hardi projet de pénétration et, en peu de temps, l'Allemagne et toutes les contrées traversées par le rail contractaient une véritable assurance de prospérité. Des relations régulières s'établissaient entre la mer du Nord et la mer Noire et, bientôt,

faisaient communiquer, par l'une tout le
centre Europe, les Balkans et l'Asie Tur-
que avec l'Amérique du Nord et, par
l'autre, avec la Perse, puis avec l'Inde.
C'était, repris et agrandi par l'Allemagne,
le rêve de Napoléon.

Si nous adaptons à la Fédération panlatine une conception analogue, nous voyons
que les cinq nations principalement intéressées : Belgique, France, Italie, Espagne
et Portugal, dessinent un triangle presque
parfait appuyé sur Paris, Lisbonne, Rome.
Une ligne tracée de Paris à Rome commande, par Marseille et les ports italiens,
tout le commerce avec les Échelles du
Levant, l'Afrique et l'Extrême-Orient ;

L'Europe latine.

une autre diagonale à travers l'Espagne aboutit à Lisbonne. Et Lisbonne, ne l'oublions pas, c'est l'accès direct à l'immense Brésil et à toute l'Amérique du Sud.

On aperçoit de suite les conséquences merveilleuses que pourrait entraîner une entente préalable de l'Europe latine. Au bloc initial viendraient se souder, avec le Brésil, les autres peuples néo-latins de l'Amérique : le Mexique, l'Argentine, et toutes ces nations vigilantes du Nouveau Continent : le Pérou, l'Uruguay, la Bolivie, le Vénezuela dont le zèle envers la Latinité mère ne s'est jamais ralenti, n'a jamais failli aux heures même les plus tourmentées. Identité de race, étroite analogie de régime, sympathie ardente, tout concourt à leur union avec nous... A coup sûr la tâche est formidable, les moyens

de la mener à bien sont délicats, mais
aussi la matière est singulièrement riche.
Nous ne faisons que jeter l'idée sur le
papier, comme le firent et Sully et l'abbé
de Saint-Pierre lorsqu'ils rêvèrent le Tribunal des Nations. Qualifié de chimère,
leur plan commence de recevoir aujour-
d'hui un semblant d'exécution... Mais,
parce que nous avons, du temps, une notion bien différente de celle de nos pères,
nous sommes fondés à espérer qu'il faudra
moins de trois siècles pour édifier la Fédération panlatine.

A Mussolini, aux hommes de bonne
volonté que son exemple suscitera et qui
ne craindront point de marcher de front
avec lui, nous vouons ce projet grandiose.
Au demeurant il n'a rien d'insolite ni de
démesuré ; il repose sur une formule d'asso-

ciation familière à tous les sociologues modernes ; il substitue les collectivités aux individus, voilà tout. Et, puisque cette conception ne met en jeu que l'argent des peuples et non leur sang, que leur intérêt, non leur orgueil, ce projet est réalisable ; donc il faut le réaliser.

Ah ! s'il se pouvait que chacune des patries latines évoluât soudain comme vient d'évoluer l'Italie, si la politique, un peu partout, cessait d'être, ainsi que l'a dit Mussolini avec sa raillerie terrible « un cercle comme il faut de vieillards glacés », point ne serait besoin de consultations interminables pour faire de la Fédération pan-latine une vérité évidente ! Mais, à défaut des politiciens de métier, à défaut des professionnels du *Peut-être*, du *Qui sait*, du *Plus tard*, nous avons les ambitieux et les énergiques, les hommes de travail, les hommes d'affaires, les hommes nouveaux. Eux sauront voir dans l'exposé de la Fédération panlatine mieux qu'un *Voyage en Icarie*.

Tout ce que nous souhaitons, c'est que ces hommes d'affaires, ces hommes de travail ne soient pas les avides et puissants animateurs de l'Allemagne soi-disant épuisée. Ce n'est pas d'hier que les Allemands nourrissent des projets de conquête économique à l'égard des pays sud-américains. Dans un article déjà ancien (1) nous écrivions ces lignes, toujours d'actualité, où se traduit la préoccupation

L'expansion germanique en Amérique du Sud.

(1) *Le Correspondant,* 29 mars 1919.

247

qui n'a jamais cessé d'habiter notre esprit :

« Si formidable qu'ait été la puissance militaire de l'Allemagne, elle apparaît moindre encore que sa puissance industrielle et commerciale. Celle-ci, en effet, a rayonné dans l'univers entier, tandis que l'action militaire n'a réalisé des gains véritables qu'en Europe. Croire que le principe essentiel de l'hégémonie germanique est détruit parce que le militarisme allemand n'existe plus, serait donc une conception erronée ; à n'en pas douter, les Alliés n'ont accompli jusqu'à présent que la moitié de leur tâche, puisque les soldats allemands d'hier, à peine rendus à la vie civile, seront demain autant de commis-voyageurs lancés à la conquête du monde.

« Nous devons nous refuser à admettre,
par exemple, que les Allemands renoncent
à poursuivre, dans les républiques latines
de l'Amérique, le patient travail de main-
mise qui leur a déjà si bien réussi. D'autant plus empressés à ouvrir là de
nombreux débouchés à leur commerce,
que les marchés d'Europe leur seront mo-
mentanément fermés, ils porteront de
préférence leur effort sur ces contrées
lointaines... Or, il ne faut pas qu'il en
soit ainsi, il ne faut pas que la puissance
germanique demeure vivace en Amérique
du Sud, il ne faut pas qu'elle continue d'y
drainer l'or et la pensée. Mais quels efforts
devra-t-on prodiguer pour arracher le
gouvernement de la République française
aux sables mouvants des passions inté-
rieures, pour orienter son initiative vers

le continent sud-américain où croît, peut-être, le mystérieux avenir de l'humanité. »

Et nous ajoutions, entrant ainsi de plain-pied sur le terrain des réalisations matérielles :

« Il faudrait, en premier lieu, amener les gouvernements de l'Entente (1), aussitôt la paix signée, à créer une sorte d'*Office des relations internationales*, dont le personnel actif serait recruté, non parmi les diplomates, mais parmi les manufacturiers et les marchands. Tandis que des missions nombreuses, composées de spécialistes et de techniciens éprouvés,

(1) Il suffit de substituer aujourd'hui au mot Entente, le mot Latinité.

seraient envoyées dans tous les États de l'Amérique latine, avec l'obligation formelle de s'enquérir des besoins des nations intéressées, et d'en dresser promptement de brefs rapports pour les envoyer sans retard aucun à l'Office central, celui-ci entrerait en relations étroites avec les producteurs, de façon à leur indiquer les débouchés indispensables à l'écoulement de leur fabrication. En même temps l'Office central s'emploierait à obtenir la création de lignes de navigation supplémentaires, pourvues des procédés les plus modernes, ainsi que l'extension et la simplification des méthodes financières qui, particulièrement en France, sont loin de la perfection. »

Telle est notre appréhension : nous redoutons que le projet d'une Fédération panlatine soit démarqué au profit de quelque race septentrionale et que, sous le couvert de cette généreuse initiative, sous le fallacieux prétexte de mettre en commun les intérêts latins, ce soient, en réalité, des intérêts allemands ou autres qui bénéficient d'un accord interlatin. S'il nous était donné de pouvoir aller de porte en porte prêcher la bonne parole, de capitale en capitale renouveler l'avertissement célèbre du vieux Caton, nous nous ferions volontiers le pèlerin de cette nouvelle croisade, pour le salut de la Latinité génératrice de foi, nourricière de génie, dispensatrice de toutes les vertus qui ont fait régner sur le monde la mansuétude, l'indulgence, la douceur de vivre.

RÉFUTATION

L'Europe spectatrice de l'épopée fasciste, et qui la laisssa se dérouler sans commentaire, n'a pas manqué, depuis que le Fascisme a revêtu la forme d'un gouvernement officiel, de soulever des critiques, de porter la question fasciste sur le terrain de la polémique, de chercher à restreindre la valeur de ce geste de libération. Il ne faut pas oublier, en effet, que le Fascisme — nous croyons l'avoir suffisamment démontré — n'a pas purement et simplement mené une campagne contre la sénile politique ita-**Les mécontents.**

lienne, contre les doctrines d'asservisse-
ment ; le Fascisme, par la voix puissante
de son chef, a bel et bien entrepris le
siège de la politique européenne tout entière, c'est-à-dire que Mussolini, lorsqu'il
semble s'adresser, avec sa magnifique
véhémence, à tant de parlementaires responsables des désordres italiens précur-
seurs du Fascisme, met en cause, en
réalité, tous ceux qui, par leur pusillanimité, leur calcul, leur sottise, s'efforcent
de maintenir les peuples dans une erreur
utile à leurs propres intérêts. Il est donc
naturel, il est donc logique — et, somme
toute, de bonne guerre — que les politiciens dont Mussolini prononce avec tant
d'autorité la condamnation, se rebellent
avant que d'être mis au pilori, et tâchent,
par une défense désespérée, à rédui-

re à néant le procès instruit contre eux.

Et voilà pourquoi de tous côtés, partout où le monstre Politique, l'hydre aux têtes innombrables a multiplié ses couvées, des ricanements et des paroles amères retentissent contre l'avènement de la jeune Italie. Ceux qui osent ont recours au pamphlet ; ceux qui craignent se contentent d'articuler des paroles empreintes de scepticisme, et de lancer ces épiphonèmes dans lesquels se résument l'envie et le dépit de tous les ratés en présence du triomphe. Il n'est point de parlement où l'on n'entende ces sentences toutes faites, ces exclamations réticentes, par quoi les impuissants savent si bien empoisonner le succès le plus pur. Les uns s'en vont disant : « Ne nous hâtons pas de juger ! Il faut attendre ! Le temps ne respecte pas ce que l'on fait sans lui !... » Les autres promènent de la Ville à la Cour un visage sarcastique, une physionomie narquoise et, dans les groupes, répètent à l'envi : « C'est de la fantaisie méridionale ! C'est un accès de fièvre ! Il n'y a pas lieu de s'arrêter à de telles extravagances ! »

Ce serait gaspiller le temps que de réfuter des arguments aussi inconsistants que les bulles méphitiques qui viennent crever à la surface des marais. Mais, plus haut que les Lilliputiens de la politique mondiale, se trouvent des personnalités d'une autre taille, dignes de recevoir, ou bien les éclaircissements dont elles ont besoin pour fortifier leur religion, ou bien la riposte qu'elles méritent.

Contre le Fascisme on a dit : « L'Italie est-elle, oui ou non, soumise au régime constitutionnel, lequel régime est garant de sa liberté ? Si oui, en instaurant la politique fasciste faite de sectarisme et de violence, Mussolini et les siens ont violé la Constitution, sinon dans sa lettre, tout au moins dans son esprit. Ils ont porté atteinte au régime ; ils ont blessé les citoyens dans leur bien le plus précieux, le libre arbitre. Tôt ou tard cet excès fera nécessairement naître une opposition qui se devra à elle-même de surpasser la violence fasciste, afin d'en triompher. En sorte que le Fascisme périra finalement sous les coups de cette opposition, comme tous les gouvernements improvisés à la faveur d'un mouvement de force. »

Il est aisé de reprendre de bout en

bout des allégations de cette valeur. Tout d'abord les adversaires du Fascisme ont trop beau jeu, qui prêtent à Mussolini des intentions nées dans leur propre esprit. Usant d'une espèce de figure de rhétorique singulièrement cauteleuse, ils s'avisent de découvrir dans l'âme de Mussolini des velléités que celui-ci ignore lui-même. Où prennent-ils que le rénovateur de l'unité italienne ait le moins du monde l'intention d'attenter à la Constitution du royaume ? Déclarer que cette Constitution, il l'a violée dans son esprit, sinon dans sa lettre, c'est recourir à un artifice pour amener à soi les irrésolus et les tièdes... Mais tous les esprits lucides, tous les gens de bon sens et de droiture savent pertinemment que Mussolini, sans détruire nullement le code qui régit la nation, se borne, avec toute l'autorité dont il dispose, à en bannir les éléments surannés, les impedimenta qui l'alourdissent, les camouflages sous lesquels, peu à peu, il eût fini par disparaître.

Mussolini a fait justice une fois pour toutes de ces perfidies, le jour où il a prononcé à la tribune, au milieu des vivats de l'assistance, ces mots péremptoires :

« Le gouvernement ne veut pas abolir le Parlement. Au contraire, il veut l'améliorer, le perfectionner. Le Grand Conseil ne fait pas double emploi avec le Conseil des ministres ; il n'est pas un organe supérieur au Conseil des ministres ; il se réunit d'ailleurs seulement au Conseil des ministres. Le Grand Conseil du Fascisme est simplement un organe de coordination et de transaction entre les forces responsables du gouvernement et les forces responsables du Fascisme.

« Ce gouvernement, qui est présenté comme liberticide, a été, peut-être trop généreux. Qui nous aurait empêchés, aux journées de la révolution, en octobre, de nous délivrer à jamais de tous ceux qui, abusant de notre générosité, rendent maintenant notre tâche difficile ? Mais nous n'avons pas voulu que les « Chemises noires » se souillassent du sang italien.

« Le Fascisme est et restera encore longtemps un parti formidable. Le Fascisme est un mouvement syndical qui comprend un million et demi d'ouvriers et paysans, qui n'entrave nullement le gouvernement. Des masses imposantes d'hommes,

qui méritent tous le respect de la nation,
ont adhéré au Fascisme : ainsi l'association des mutilés et des invalides, l'association des combattants adhèrent au Fascisme, et aussi les familles des soldats
tombés à la guerre marchent dans l'or-
bite du Fascisme. Le spectacle que donne
la nation est maintenant satisfaisant.
Quoique le gouvernement suive une politique dure, le peuple italien est discipliné, silencieux, et travaille. Il sait
qu'il y a un gouvernement qui gouverne ;
il sait surtout que, si ce gouvernement atteint quelques classes de la population
italienne par ses mesures, il ne s'agit pas
d'un caprice, mais de la nécessité suprême
de l'ordre national.

« Au-dessus de cette masse, il y a des
groupes inquiets de politiciens de profession.

Plusieurs gouvernements en Italie, avant le gouvernement fasciste, tremblaient toujours devant un banquier ou un journaliste, ou devant le grand-maître de la franc-maçonnerie, ou devant le chef plus ou moins clandestin du parti populaire. Le gouvernement actuel est unique : il ne connaît pas d'autres gouvernements. »

Il semble bien que, seuls, les *groupes inquiets de politiciens de profession* dont parle Mussolini, puissent ergoter sur des déclarations aussi claires.

Est-ce attenter au libre arbitre du citoyen que de réprimer le désordre et l'anarchie ? Est-ce trahir le mandat populaire que de protéger le plus grand nombre contre le plus petit, de défendre les vertus profondes d'une race, ses autels, ses foyers et ses drapeaux, contre les perturbateurs à la solde de l'étranger ? Est-ce méconnaître la grandeur d'un apostolat que de réveiller dans les consciences le principe de dignité, que de ressusciter l'idée de Patrie ? Non certes, et c'est là le rôle principal de Mussolini. Contre une démagogie turbulente, forte seulement dans l'émeute, inexistante dans le travail, experte à détruire, incapable de cons- truire, il a sévi au nom de ces axiomes, vieux comme l'humanité, qui proscrivent de la cité quiconque y apporte le deuil et la ruine. *Le Fascisme n'a été que la matérialisation d'un sentiment d'indignation nationale ;* ce n'est pas Mussolini qui a soulevé l'Italie, c'est bien plutôt l'Italie qui a suscité Mussolini, par un réflexe de toute sa nature blessée.

265

L'éventualité d'une opposition à la politique fasciste n'a rien qui doive surprendre et, à cet égard, Mussolini, vraisemblablement, ne sera point pris de court. Mais quel gouvernement peut avoir la garantie de vivre et de durer sans que jamais une opposition le contrecarre ? Qu'on imagine, aux lieu et place du Fascisme, n'importe quelle combinaison parlementaire du modèle des cabinets Nitti, Giolitti, Facta et autres ; fût-il d'une douceur nonpareille, pratiquâ t-il le système « chèvre et chou » le plus servile, s'avérât-il, pareil au Sosie *d'Amphitryon,* « l'ami de tout le monde, » le gouvernement le plus emasculé ne tarderait guère, en dépit de sa mollesse, à voir surgir devant lui une opposition aussi sévère que s'il était lui-même véritablement agressif. En effet, l'opposition est aussi inséparable du gouvernement en titre, que la nuit l'est du jour. Il n'y a donc aucun avantage à pratiquer une politique de modération pour ne point donner prise aux factions opposées. Et, puisque le danger reste le même, que l'on soit énergique ou pleutre, on a tout intérêt à gouverner en beauté plutôt qu'en flagornerie.

Quant à arguer que le Fascisme est menacé de disparaître parce qu'improvisé à la faveur d'un coup de force, c'est proprement absurde, attendu que le régime constitutionnel, qui a fait ses preuves de durée, ne repose pas sur autre chose qu'un coup de force, étant né d'une révolution.

« Mais, clament les négateurs, on ne saurait accorder sa confiance à une telle manifestation d'audace ! Si l'audace est vigoureuse, elle est frappée de cécité, elle rend dangereusement optimiste celui qu'elle anime, elle lui inspire une confiance démesurée dans ses propres talents jusqu'au jour où, aveuglé, il choit dans l'abîme. Cette chute n'est rien quand, seul, le triomphateur d'un instant y succombe ; mais elle peut retarder l'essor d'un pays, quand un peuple tout entier paie la faute commise. »

Contre cette invocation à la médiocrité, tout ce qui est généreux ici-bas se rebelle et proteste. L'histoire du monde, d'un bout à l'autre, est illustrée par l'audace et les audacieux. Sans cette vertu merveilleuse, plus de progrès, plus de gains, plus de victoires. C'est parce que, dans les époques d'hésitation, des audacieux survinrent qui, de leur énergique poigne, saisirent la barre et remontèrent le courant des événements, c'est parce que certains êtres d'énergie eurent le courage d'oser, que le sort des hommes devint de moins en moins précaire. L'audace est aussi nécessaire à un peuple qu'à un individu isolé; elle décuple ses forces vitales, elle multiplie ses facultés d'investigation, elle accroît son potentiel... Et ce n'est pas à la légère que les anciens érigeaient un autel à la hardiesse et enseignaient aux jeunes hommes que la fortune chérit les audacieux.

Qu'importe, au surplus, si le triomphateur d'un instant périt à l'apogée de son œuvre! D'accord avec le contradicteur, nous disons comme lui que la vie d'un homme n'est rien. Ce qui compte, c'est l'édifice qu'il laisse après lui, c'est le monument qu'il a su élever. Déjà Mussolini se confond avec le Fascisme, et, lorsque son chef ne sera plus qu'un souvenir, lorsque Mussolini aura disparu, la nation italienne n'aura besoin que de prendre conscience de sa rédemption pour assurer à l'homme des « Faisceaux » l'immortalité.

Mussolini opposé à Mussolini. Mais il est un grief plus aigu à la charge de Benito Mussolini et que formulent certains de ses antagonistes, c'est que le fondateur du Fascisme commença par être un socialiste invétéré, qu'il fut parmi les plus fervents disciples de Karl Marx, qu'il devint à cette école un polémiste vénéré de la classe ouvrière et le porte-parole du prolétariat turbulent. « A l'heure présente, ajoutent les Zoïles du Fascisme, nous voyons que Mussolini a subi une mue étrange et que l'ancien folliculaire, le brandon de discorde, le virulent leader de l'*Avanti* s'est transformé en un conservateur à tous crins, ferme soutien de la droite et qui, nouvel archange, barre le seuil de son paradis aux camarades dont, naguère, il avait su capter la confiance. Ce bel exemple de versatilité, encore qu'il ne soit point rare parmi les homme d'action, n'en fait pas moins de Mussolini un être sujet à caution. Rien ne démontre, en somme, que demain n'orientera pas son esprit vers des horizons nouveaux, et qu'il ne décevra pas ses Fascistes les plus fidèles en retournant à sa religion première, pour peu que le socialisme, rétif au dressage qu'il prétend lui imposer, lui donne un témoignage de sa force et lui inculque ainsi un salutaire respect. »

Cette vieille accusation de versatilité mérite assurément qu'on s'y arrête ; elle a atteint quantité d'hommes illustres, elle est, entre les mains de leurs détracteurs, l'arme la plus sûre et la plus durable. Ce que l'on dit aujourd'hui de Mussolini, on l'a dit non seulement de Napoléon Ier, mais encore de tous les Chefs qui partirent de l'insurrection pour aboutir au pouvoir. Lorsque la foule assiste à cette sorte de génération spontanée qui fait soudainement d'un inconnu le meneur le plus populaire, elle manifeste toujours quelque surprise et, toujours, il se trouve un railleur pour lui démontrer que l'homme qu'elle acclame n'est pas digne de ses ovations, étant donné qu'il fut d'abord le contraire de ce qu'il est. De là à prononcer sur le mode goguenard le sentencieux *ad augusta per angusta*, il n'y a qu'un effort de mémoire. L'opinion publique juge souvent avec une singulière sévérité ces métamorphoses dont les hommes sont pourtant moins responsables que les événements. En circonscrivant dans un alexandrin célèbre la définition de « l'homme absurde », le poète a dit vrai. Car la vérité, n'en déplaise aux moralistes, est éminemment variable, tout au moins en sociologie, puisque la condition de l'homme est sans cesse perfectible. Aucune loi morale n'exige que le geste libérateur doive être permanent, autrement dit que l'état révolutionnaire, parce qu'il peut apporter le salut, s'installe à demeure et ne prenne jamais fin. Il est parfaitement légitime que, voyant sa patrie en péril, un homme se dresse, provoque un mouvement populaire, attaque le gouvernement incapable et le renverse. Que les suffrages désignent ensuite les organisateurs de l'émeute pour occuper la place des vaincus, c'est normal, sinon logique... En effet l'émeute est une forme de la guerre et tel grand capitaine n'a pas nécessairement l'étoffe d'un grand ministre. Mais passons : docile au vœu de la nation et, au surplus, conscient de sa supériorité sanctionnée par la réussite, voici

l'agitateur promu chef de gouvernement.
Sera-t-il assez élémentaire pour encou-
rager ses partisans à redoubler d'excès?
Cherchera-t-il sa voie dans la confusion
et la terreur? Non, il a trop l'enseignement du passé, du 1649 anglais, du 1793
français qui, par leur orthodoxie frénétique, ouvrirent à la réaction le plus large
chemin. Son devoir est de se rendre
stable autant qu'il fut mobile, de réfréner
les fureurs aussi bien qu'il les irrita.
Pourquoi aurait-il abattu le gouvernement
auquel il succède, si son premier soin
n'était pas de faire précisément ce que ce
gouvernement n'a pas fait? Pourquoi, par
obéissance à une logique arbitraire et
proprement stupide, se montrerait-il
d'une fidélité immuable envers les dogmes
de son passé, sans se préoccuper de sa-

voir si ces dogmes cadrent encore avec les exigences nouvelles ? Ce raisonnement n'est fondé sur rien ; au reste, il est à remarquer que ceux qui le tiennent d'ordinaire avec le plus de rigueur, ceux qui articulent avec le plus d'emphase le mot *versatilité,* sont les mêmes qui reprochent aux anciennes classes dirigeantes de ne pas avoir su s'adapter aux conditions postrévolutionnaires, telle la noblesse française retour de Coblentz après 1815 et qui, selon le mot de Talleyrand, n'avait « rien appris, rien oublié ».

Adaptation, par conséquent, et non pas versatilité, adaptation qui fait de l'homme d'État l'auxiliaire et le guide de l'événement, dans le sens de la tradition, comme le tuteur affermit et maintient le rameau dans le sens de la nature. La science de

gouverner est assurément faite de prévoyance, mais prévoyance n'équivaut pas
à divination; or, la politique est toute
conjecturale. Être prêt à tout, c'est encore
la meilleure formule; elle signifie que le
politicien responsable de la sauvegarde
d'une nation a le devoir strict de porter
cette responsabilité comme il l'entend,
de renverser les protocoles, en un mot
de donner à ses propres antécédents
le démenti le plus formel, si son passé
a tort et si son présent qui, seul, compte, qui, seul, est la vie immédiate, a
raison.

« Soit ! vont s'écrier les éternels con-
tradicteurs, nous accordons que la dicta-

ture de Mussolini ait été amenée par des courants purement nationaux et pour des fins éminemment nationales. Il n'empêche que la dictature, en soi, représente un abandon des libertés si durement conquises par la démocratie italienne au cours de son histoire. Ces acquisitions, les voilà donc à vau l'eau ! Tous les gains réalisés par l'Italie pour son affranchissement, tous les résultats de sa patiente politique pendant un siècle, de quel droit les anéantir par une si soudaine régression ? Mussolini en revient, en somme, à la doctrine césarienne, à l'autocratie qui n'admet ni controverse, ni contrainte, ni contrôle. Il l'a dit à qui a voulu l'entendre : ou avec moi, ou contre moi! Un pareil autoritarisme ramène l'Italie au despotisme des temps révolus. »

Tout d'abord, il conviendrait que l'on s'entendît sur ce mot : autoritarisme ; ne soyons pas dupes de la polémique et rendons-nous compte que le terme d'autoritarisme n'est que la déformation péjorative du terme autorité. C'est celui-ci qui est le bon, et Mussolini ne se défend point, tout au contraire, d'en user largement. Mais en quoi cette œuvre d'autorité porterait-elle atteinte au patrimoine moral de l'Italie? Lisez ses discours, ses écrits, hommes de peu de foi qui prenez un satanique plaisir à travestir les plus généreux élans! C'est justement parce que des perturbateurs s'acharnaient à polluer la dignité italienne et sa noblesse et sa bravoure, c'est parce que l'Italie, entre leurs mains sacrilèges, allait devenir quelque chose d'informe, une cohue cosmopolite et non

plus une nation, une bande et non plus
une armée, qu'il a dû réagir avec une force
souveraine. Ce faisant, il a donc exalté
l'idée de patrie, l'idée de civisme, l'idée
de travail, enfin l'idée romaine. Vous
l'accusez d'arbitraire pour excuser l'anarchie; vous vous hypnotisez sur la vieille
formule des droits de l'homme, sur le
vieux poncif de l'indépendance d'opinion,
et vous consentez ainsi au meurtre de la
collectivité, pourvu que l'individu garde,
saine et sauve et intangible, la liberté de
dire et de faire tout ce que bon lui semble.
Mussolini, à qui vous reprochez d'avoir si
vite oublié son socialisme initial, vous démontre qu'il ne le répudie nullement, car ce
sacrifice de l'intérêt particulier au profit de
l'intérêt général, c'est dans les meilleurs
auteurs du parti qu'il en prit la notion, en

sorte que la destruction, par lui, d’une mino—
rité turbulente en faveur d’une majorité
menacée, c’est du socialisme et du meilleur.

On n’a donc pas le droit de prétendre
que la politique moderne de l’Italie inflige
un démenti à sa politique ancienne. En fait,
rien n’a varié, ni les idées, ni les hommes.
Seules les années qui ont immédiatement
suivi l’armistice ont présenté, en Italie,
aux regards de l’Europe, un aspect d’incer-
titude. S’il faut incriminer une politique,
c’est celle qu’ont exercée aux lendemains
de la guerre, des ministres incapables,
insuffisants ou indignes. Si le Royaume
d’Italie a montré, quelque temps, une physionomie inquiète, la faute en est aux Cabinets qui se sont succédé de 1919 à 1922, et
c’est précisément en raison de cette incapacité scandaleuse que la nation italienne,

se ressaisissant tout à coup, a produit un homme susceptible de l'aider, d'une main ferme, à poursuivre son ascension.

Au demeurant, quelle importance peut avoir, dans l'ordre des faits matériels, le choc plus ou moins retentissant des mots ? Au lieu de s'ingénier à trouver des vocables pour défendre, attaquer, expliquer Mussolini, mieux vaudrait attendre en silence et mesurer au travail accompli la qualité de son intervention. C'est seulement lorsque le gouvernement de Benito Mussolini aura, par des preuves abondantes et renouvelées, montré ce qu'il vaut, fourni à la critique une copieuse masse documentaire, dressé un édifice, qu'il sera loisible d'entreprendre un pareil examen. Jusque-là toutes réserves doivent être faites; le moins que l'on puisse exiger des coalitions adverses, des ratés des anciens clans, des vaincus des anciennes batailles, c'est le silence à défaut du respect.

Las de chercher des noises à Mussolini lui-même, d'aucuns, parmi ceux qui ne l'aiment point et surtout qui n'aiment point l'Italie, s'avisent de demander à haute voix dans les couloirs diplomatiques si vraiment le Fascisme est aussi majestueux qu'on le dit, si ce mouvement populaire n'a pas dépassé la mesure... « A tout prendre, de quel danger l'Italie était-elle menacée ? Une poignée de braillards

milanais, quelques paysans excités dessi-
nèrent, un beau jour, une sorte de geste
agressif et envahirent, les premiers, deux
ou trois usines, les seconds, les lopins de
terre dont ils avaient la garde. C'est là
bien peu de chose pour prononcer le
grand mot de Révolution ; l'agitation italienne a été fort courte, peu sanglante ;
elle s'est réduite à un échange de horions
entre jeunes ambitieux et politiciens cu-
pides... On a mené grand bruit pour pas
grand'chose et ce minime événement
n'eût jamais acquis la réputation dont il
bénéficie à cette heure, sans le concours
du soleil italien, de l'exubérance méridionale, de la mise en scène des « chemises
noires ». Imprudent qui ne prendrait pas
garde au mirage et ne restituerait pas au
Fascisme sa dimension exacte. »

En ceci réside peut-être l'insinuation la plus perfide que puisse articuler la faction opposée au développement du Fascisme. Une propagande qui met tous ses efforts à rétrécir un mouvement national est une propagande criminelle. Dans les pays de liberté on a toujours témoigné une estime profonde aux peuples, quels qu'ils fussent, amis, ennemis, indifférents, qui secouaient un despotisme et jetaient les bases de leur indépendance. En France, notamment, on s'est toujours enthousiasmé pour les belles révoltes, les colères généreuses, les insurrections populaires obéissant à un sentiment national... La Grèce eut son heure, l'Irlande eut la sienne et la Pologne, et le Transvaal et, enfin l'Italie... mais l'Italie de 1858 !

Pourquoi donc l'Italie de 1923 ne retrouve-t-elle pas, dans les esprits, cette fièvre magnanime, cette spontanéité qui lui ralliait, il y a soixante-cinq ans, tous les penseurs, tous les artistes, tous les poètes et presque tous les peuples? Comment se fait-il que la campagne d'Italie menée par Victor-Emmanuel II et Napoléon III, avec des armées fort peu considérables et des armements puérils contre une Autriche d'opérette, comment se fait-il que cette campagne d'Italie soit revêtue aujourd'hui d'un tel prestige et tienne, dans l'histoire du XIXe siècle, une place si prépondérante, alors que le Fascisme ne provoque en certains groupes que des moues dubitatives, voire des haussements d'épaules. En vérité il y a là, pour l'historien philosophe, matière à d'étranges méditations sur la mobilité de l'esprit humain. La mode voulut que, sous le Second Empire, on fût plus italien que nature; mais, sous la Troisième République, le scepticisme a fait des progrès si désastreux que l'on ne retrouve plus la force de s'enflammer pour une belle cause.

Où es-tu, Garibaldi dont le seul nom était la fanfare de toute une jeunesse, Garibaldi qui fis frémir d'allégresse et d'orgueil le sensible Quartier Latin ! Expédition des Mille, Conquête du Royaume de Naples, où êtes-vous ? Il n'était point de café littéraire, voici quelque soixante ans, sur la rive gauche de la Seine, qui ne retentît d'acclamations à propos du patriote niçois et de ses volontaires aux chemises rouges. Puis, lorsque Garibaldi vint offrir son épée à la France envahie, son nom, dans tous les cœurs français, fut synonyme de bravoure et d'abnégation. Un demi-siècle s'écoule ; le théâtre du monde est toujours le même et aussi le décor, mais la lumière a changé. D'Annunzio lance l'Italie dans la guerre, aux côtés de la France, contre l'ennemi triomphant de 1870 ; puis l'un des interventistes de la première heure se hausse jusqu'à la mission de régénérer la patrie souillée par l'émeute aux gages de l'étranger. Spectacle splendide, en vérité, spectacle bien fait pour soulever la jeunesse française de 1920, digne héritière des enthousiasmes anciens... Erreur profonde ! Les fils de ceux qui saluaient de vivats le nom de Garibaldi, accueillent le nom de Mussolini par des hochements de tête ; les continuateurs des hommes qui

pleurèrent en voyant combattre les Chemises Rouges, n'accordent qu'une attention fugitive aux Chemises Noires et à
leurs exploits !

Hâtons-nous de le dire, l'élite est ici **Les arbitres.**
beaucoup plus responsable que la foule,
car la foule est toute confiance et croit
ce qu'on lui dit. Par malheur, dans un
grand nombre de journaux, en France,
en Angleterre même, la rubrique de politique étrangère est rédigée un peu
comme une critique, d'un style assez dis-
tant et quelque peu enclin à l'ironie. Il en
résulte une certaine affectation à ne pas
prendre au sérieux les événements qui
se passent au delà des frontières. On a

l'impression que les autres nations — excepté deux ou trois, et encore ! — n'existent qu'à l'état de comparses et n'ont importance aucune. Cette méthode journalistique de juger les affaires de l'Europe présente le double inconvénient de renseigner fort mal les lecteurs et de blesser gravement la susceptibilité des étrangers. On souhaiterait qu'elle fît place à de plus équitables procédés d'examen, mais il y a bien peu de chances pour qu'une telle évolution se produise.

La Légende et l'Histoire.

Il n'en subsiste pas moins que de mesquins esprits refusent à l'Italie cette beauté de l'effort, cette noblesse de révolte pour lesquelles le monde se passionna volontiers

naguère, quand il les constata ailleurs.
Force est donc de restituer au Fascisme
sa véritable atmosphère, et, pour cela,
de prendre l'exemple le plus frappant qui
soit, le plus auguste, celui de la Révolution Française. Dieu sait si cette tourmente nous apparaît vaste aujourd'hui;
nous avons l'impression qu'un cyclone a
parcouru l'Europe, faisant trembler les
trônes sur leurs bases, et la Convention,
pareille à une montagne de lumière, do-
mine ces temps surhumains. Eh bien, il
y a là un singulier effet de *perspective à
rebours;* les événements dans lesquels
sombra le XVIIIe siècle ont grandi à mesure que nous nous éloignions d'eux.
Car, pour les contemporains, la Révolution ne dépassa pas l'enceinte de quelques grandes villes. A vingt-cinq lieues

de Paris, les campagnes offraient l'aspect
le plus paisible ; hormis les quelques affi-
ches au mur de la Maison commune, hormis la visite pompeuse d'un envoyé du Co-
mité de Salut public, rien ne témoignait
que le gouvernement du Roi eût fait
place à la volonté populaire, et ce que
les cultivateurs voyaient de plus clair
dans cette transformation du régime,
c'était la main-mise sur les grandes propriétés devenues Biens Nationaux. Le même
aspect nous est offert par la Russie où le
mouvement soviétique n'exerce ses cruautés
qu'à Moscou, Pétrograd, Odessa. Mais, contre la force d'inertie de la masse paysanne,
l'impérialisme de Lénine n'a aucun pouvoir. Pour les paysans, la révolution, ce fut
la prise de possession des fiefs ; en dehors
de cette considération rien ne les émeut.

Cependant, on ne peut nier cette évidence éclatante que la période historique dite Révolution Française a un pouvoir d'irradiation d'une extraordinaire intensité. Elle est l'astre central des temps modernes, elle éblouit comme un foyer unique, bien que sa masse ignée n'ait pas été, tout d'abord, aussi homogène que, vue à distance, elle le paraît. Des États Généraux jusqu'au Directoire, la Révolution, sans cesser de travailler, a beaucoup tâtonné. Elle a cherché sa structure définitive en passant par l'Assemblée nationale, par l'Assemblée législative, par la Convention. Mais, dans notre imagination, ces phases se confondent, elles forment un tout universellement admiré, en dépit des excès, des abus, des persécutions qui attristèrent cette grandiose époque. Par quelle

bizarre injustice refuse–t–on d'accepter aujourd'hui le Fascisme comme un stade précurseur d'une émancipation immense ? Ins-
truits par l'expérience historique, pourquoi
ne discernerions–nous pas, dans le Fascisme, l'*élan préliminaire* du peuple italien vers
un vaste avenir ? Ce sont les temps futurs
qui pourront le juger sainement, non
pas nous, témoins de son départ, mais
ignorants de sa lointaine destination.

Conclusion. Ainsi se dissolvent, sous le rayon ardent de la réfutation, les critiques injustes,
tendancieuses, malfaisantes, que les antagonistes du Fascisme tentent de formuler.
Nous nous trouvons au lendemain d'un acte
de patriotisme incontestable, nous som-

mes dans la journée d'un dur labeur, nous sommes à la veille d'un triomphe certain. Notre devoir élémentaire est de considérer les événements italiens avec la sympathie vivace qui doit faire de tout peuple latin l'ami d'un peuple latin : notre devoir est surtout de nous interdire de porter des jugements hâtifs et de tirer des conclusions téméraires. Ce qui est hors de doute, c'est que la stature de Benito Mussolini se détache sur le fond gri-saille de la médiocrité contemporaine avec une telle vigueur, que l'attention de tous les peuples d'Europe s'est tournée soudain vers cette impressionnante appa-rition. Et, pour peu que l'observateur impartial passe dans les groupes et prête l'oreille aux conversations éparses, il sur-prend, de ci, de là, des allusions troublantes à la politique monotone et monocorde de la plupart des pays, en comparaison de la politique rapide et sévère du nouveau gouvernement italien. Maintes fois des propos de cette nature ont frappé nos oreilles ; cette opinion publique qui est censée régir le destin du monde, nous l'avons entendue s'exprimer avec une inquiétante vigueur, à propos du travail déjà accompli par Mussolini dans les fonctions qu'il a reçues du Roi et du Peuple. Et, tandis que dans les bas-fonds de la politicaillerie, se meut en sifflant de colère le grouillement reptilien de l'envie, de la calomnie, de la haine, cependant que les cuistres vont partout déplorant ce qu'ils appellent le coup d'État italien, les foules latines, gagnées à leur insu par le vin subtil de l'enthousiasme, relèvent la tête et cherchent en elles les hommes intrépides, capables d'accomplir dans leurs pays le même geste que Mussolini, dispensateur de la même clarté.

PÉRORAISON

Nous n'avons pas voulu entreprendre, dans ce discours, l'éloge hyperbolique du professeur d'énergie qu'est Benito Mussolini. La tâche est trop facile, qui consiste à exalter, au moyen de périodes plus ou moins redondantes, le rôle d'un homme d'action survenant tout à coup dans la médiocre politique mondiale contemporaine. Nous laissons aux panégyristes bénévoles l'aimable fonction d'illustrer, par leurs écrits, la mission des conducteurs de peuples ; nous préférons garder pour nous le plus difficile travail et chercher, en juxtaposant l'homme à la vie universelle, si la venue de celui-là doit être profitable à celle-ci.

Or, nous avons la conviction profonde, l'enivrante conviction que les temps modernes sont menacés de périr si le principe d'autorité et de responsabilité se stérilise et s'étiole. Nous répétons et répéterons sans relâche que les foules latines, échappant de plus en plus à la forte discipline civique sans quoi l'État n'est plus qu'une expression vide de sens, accueillent trop volontiers les ferments de désagrégation. Dans notre civilisation, qui tend à un excès de raffinement, il se trouve toujours un public enthousiaste pour saluer, en art, en littérature, en politique, les novateurs les plus saugrenus.

Nous estimons plaisant de faire nôtres des
écoles, des théories, des tendances plus
ou moins baroques, dont l'éclat, momen-
tanément, nous divertit, nous éblouit et
nous empêche de constater les lésions
qu'elles produisent. Il en a été ainsi de
cette fameuse doctrine dite communiste,
dans laquelle les peuples épris de liberté
n'ont pas manqué de discerner une forme
plus hardie, imprévue, originale d'indépendance, et un intéressant principe de
gouvernement. On peut dire que, à son
origine, la République des Soviets ren-
contra, dans le monde, des partisans
théoriques beaucoup plus nombreux que
ne l'étaient ses détracteurs. Cette atmosphère de confiance platonique et de curiosité bienveillante fut extraordinairement
favorable au développement de la fatale

évolution russe ; quand on s'aperçut que les Soviets n'avaient fait que substituer au déplorable état social du tzarisme, un état social infiniment pire, il était trop tard pour anéantir cette nichée de serpents. Déjà Paris, Londres, Rome, Madrid, Lisbonne, Bruxelles, toutes les capitales de l'ancien et même du nouveau Monde, principalement les cités millénaires, berceaux de la civilisation, recevaient la visite sournoise d'étranges émissaires, de délégués cauteleux, porteurs de la funeste parole moscovite. Déjà des filiales se fondaient un peu partout, des commissaires étaient nommés et, à des réunions sottement tolérées par la police, des badauds accouraient pour entendre quelque petit homme aux pommettes saillantes et au front fuyant, prononcer des paroles de fraternité universelle et entonner le cantique du prolétariat uni contre les satrapes du capitalisme.

Il n'en eût pas été ainsi, croyons-nous, si le principe d'autorité n'avait pas été altéré. Puisque tous les pays se trouvaient d'accord pour refuser d'admettre, comme digne et salubre, la théorie foncière du communisme, telle que la prêchait Lénine, il eût fallu, dès la première heure, empêcher que cette théorie indésirable se répandît avec autant de sécurité que s'il s'était agi du plus bel évangile. Il eût fallu que les chefs des divers gouvernements, tacitement d'accord, poursuivissent comme rebelles à l'ordre public les apôtres de l'erreur et

les apologistes du crime. Ainsi, le bolchevisme, pour lui donner son nom populaire,
eût été rapidement circonscrit, et, privé
de contact politique aussi bien qu'économique avec le reste de la terre, n'eût pas
tardé à périr sur place. On en arrive donc à
cette conclusion que, si ces dernières années
ont été troublées, émues par la menace d'un
communisme intégral sur le modèle de
celui de Moscou, c'est uniquement parce
que les nations, exagérément confiantes et
accueillantes, ne se sont pas opposées, dès le
premier instant, à la propagation du virus.

Mais un homme veillait ! Seul, Mussolini se rendit compte de ces vérités premières; il ne put se ré-soudre à tolérer que la noble terre italienne devînt une colonie russe ; il n'admit pas que des énergumènes, des visionnaires et des assassins s'arrogeassent le droit d'empester la pure Italie de leurs conjurations fumeuses. Ainsi naquit, sous son impulsion, le Fascisme, la défense de la Patrie contre les iconoclastes. Engagé dans cette voie de salubrité publique, il ne pouvait qu'y persévérer et devenir tout naturellement le chef de l'Italie libérée.

Nous voyons donc, dans le développement rationnel du mouvement fasciste, la démonstration éclatante que le principe d'autorité, quand il est soutenu par le patriotisme héréditaire, est un gage de salut. Par conséquent, si quelque fléau social comparable à ce que fut le bolchevisme en Italie, nous menaçait, Latins, tôt ou tard, l'un ou l'autre, nous ne pourrions y échapper qu'en nous gardant avec un redoublement de vigilance.

Or, ce danger, quel sera-t-il? Nul ne saurait le dire, mais il est bien certain que la civilisation sera toujours menacée et, toujours, devra se défendre. Il est donc grand temps que la méditation de tous les peuples se repose sur l'exemple de Mussolini, gardien de la tradition, de l'honneur et de toutes les vertus ascendantes qui ont élevé peu à peu l'humanité vers l'idéal.

La Terre Promise. C'est pourquoi, aux Foules latines, nous voudrions adresser un fervent appel. Qu'on ne s'y trompe pas, le communisme russe n'est que l'une des formes transitoires de l'ambition septentrionale, qui

ne peut détacher ses regards des rivages
où la vie est facile. Aussi longtemps qu'il
y aura des terres ingrates et des terres
fécondes, des ciels de brume et des ciels
ensoleillés, aussi longtemps les peuples
maltraités par le sort envieront ceux que
favorisa le destin. Aucune autre raison
n'est à la base des discordes, des inva-
sions et des conflits. C'est à la conquête
du bien-être et de la volupté que
s'élancent les parias, c'est en leur van-
tant les grasses campagnes, les lourdes
treilles et les belles filles des contrées
bénies, que tous les capitaines de tous les
temps ont irrité le stupre des armées,
depuis Attila jusqu'à Guillaume II.

Foules latines, souvenez-vous, souvenez-vous *que vous êtes des proies pro-
mises!* C'est vous qui possédez les labours

et les vergers, les fleurs, les fruits, les
moissons et les vignes. Sachez les défendre, sachez les garder, sinon les rudes
travailleurs du Septentrion, ceux qui pei-
nent et souffrent pour ensemencer un sol
avare, ceux qui règnent sur les sombres
usines, sur les âpres chantiers, ceux-là, un
jour, se révolteront contre ce qu'ils appellent un injuste partage. — Pourquoi pas
nous? gronderont ils en regardant ces lon-
gues plaines blondes, en respirant cet air
léger qui fait de la vie un régal et non
plus une souffrance. Et, trop tard, hommes
nonchalants, vous saurez que la clémence
des saisons et la grâce des paysages sont
des trésors sur lesquels il convient de
veiller sans cesse, et qu'il faut protéger
contre la cupidité des peuples las de subir
les frimas et les tourmentes.

Comment les défendre ? Prend-on les armes, construit-on des citadelles pour sauvegarder la douceur des climats? Ce serait là une guerre de poètes et nous savons que, jamais plus, ces deux mots n'iront ensemble. Mais si, entre les contrées obscures et les pays de lumière, se dressent quelque jour assez d'énergies unies, assez de forces associées pour former une muraille qui donne à réfléchir à l'assaillant éventuel, peut-être bien le temps des conquêtes sera-t-il à jamais passé.

Fils de la Louve, il n'est de salut pour vous que dans l'association, la coopération, l'assistance. Ne cherchez point, par

L'autre Union Sacrée.

un excès de dilettantisme, à vous allier à des races diamétralement opposées à la vôtre. Gardez-vous de croire que votre exubérance se trouvera compensée par le sang-froid du Nord; évitez ce raisonnement facile qui consiste à réaliser le type même de l'équilibre moral en empruntant à chaque peuple sa vertu dominante. A la vérité c'est encore le groupement familial qui est le plus solide. Il est démontré que les rivalités, les discordes, voire les haines de famille sont encore celles qui s'apaisent et se dénouent le plus aisément. Donc c'est entre nous seuls, Latins, que nous devons chercher des appuis, des concours, des encouragements, des forces. C'est entre nous que nous devons réaliser l'œuvre de solidarité, garantie même de notre salut. Il nous suffit d'accomplir *tous*

ensemble un effort de volonté, pour restituer au monde, sous la forme d'une association internationale, l'Empire romain, le
splendide et dominateur Empire dont,
aujourd'hui encore, toutes les parties sont
intactes.

Ce territoire gigantesque, l'œuvre de
colonisation la plus vaste qu'aient jamais
accomplie les hommes, nous pouvons en
ressouder les fragments et reconstituer
tout à coup l'énorme bloc initial. A l'Italie
augmentée de la Sicile, de la Sardaigne,
de la Cyrénaïque, la France, l'ancienne
Gaule, s'ajoute, entraînant la Belgique,
entraînant l'immense domaine africain et
la Maurétanie et aussi la Numidie. L'Es-

L'Empire
romain.

313

pagne, la Lusitanie reprennent tout naturellement leur place dans l'ancienne carte romaine. La Dacie, où César avait placé la colonie romaine chargée de défendre la Latinité contre les Barbares, la vieille Dacie devenue la nation roumaine rentre dans le giron et complète le groupe originel... Pour que ce vieux rêve restauré cesse d'être une vision inconsistante, il ne faut, entre l'Italie, la France, la Belgique, l'Espagne, le Portugal, la Roumanie, que le passage rapide et brillant d'une volonté conductrice, pareille à l'aiguille qui coud solidement les différentes pièces d'une parure, pareille à l'étau qui rassemble et rive toutes les pièces d'une cuirasse.

Mais s'il advenait que cette volonté émanât d'une personnalité unique, autrement dit si quelqu'un, possédé par la foi qui meut les montagnes, s'avisait d'aller d'une capitale à l'autre comme un magnifique agent de liaison, sa tâche serait de bien courte durée. Car fût-il le plus désintéressé des mortels, vite il serait suspecté d'obéir à des raisons médiocres et de n'agir que sous l'impulsion du plus bas calcul. Autrement serait si un mouvement international — et ceci appartient au domaine de la fable — portait au pinacle un homme désigné entre tous pour mener le monde, car alors la Providence elle-même semblerait l'avoir désigné. Mais il n'appartient pas à un homme de prêcher les hommes, surtout quand ils sont de nationalités différentes. Nous connaissons ainsi

A pied
d'œuvre.

315

des « citoyens européens » qui jouèrent dans la grande guerre d'immenses rôles occultes, pesèrent singulièrement dans la balance des peuples et qui, loin de recueillir l'admiration et la reconnaissance unanimes ou partielles, furent toujours jugés depuis, et le seront toujours désormais, comme d'équivoques émissaires.

L'union panlatine, sous la forme d'une Fédération des intérêts économiques, ainsi que nous l'avons dit d'abord, impose donc que ses forces constitutives ne soient que des entités. Il faut, pour entrer dans le domaine des matérialisations, il faut que les travaux d'approche soient accomplis par ce souverain pouvoir qu'est la Presse. Obtiendra-t-on jamais que les journaux consentent à s'élever un ins-

tant au-dessus des disputailleries d'opinions pour se vouer à une œuvre grandiose ? Tel est le premier problème, telle
est la clé de voûte de cet édifice. Si
l'on parvenait, par une campagne ardente,
à insuffler quelque émotion à la multitude
de ces feuilles éphémères sur quoi vole
la pensée de l'humanité, on aurait le droit
d'entrevoir le gage initial d'une réussite.
Cette première cause gagnée, il conviendrait que les milieux économiques, industriels, financiers et commerciaux don-
nassent leur acquiescement au projet de
la Fédération panlatine. Et, dès lors,
point ne serait besoin d'aller solliciter
d'autres pouvoirs. Il ne s'agit nullement,
en effet, de modifier les trajectoires politiques, mais de conclure une entente,
pour des fins immédiates, entre tous les

317

foyers de travail des pays d'origine iden-
tique.

Nous savons quelles objections vont harceler ce libre projet de Fédération pan-latine. Mais toute innovation, dans tous les domaines, lorsqu'elle menace de désor-ganiser le mécanisme routinier de la vie habituelle, commence toujours par se blesser aux aspérités de la critique. On traita d'illuminés ceux qui, les premiers, imaginèrent de soumettre tout *casus belli*, préalablement, à un Tribunal des Nations ; pourtant cette idée a été maintes fois re-prise ; elle a même reçu de sérieux essais de réalisation ; elle est plus que jamais en faveur. Rien ne prouve qu'un jour, la Cour d'Arbitrage International ne fonc-tionnera pas d'une façon aussi régulière que le premier tribunal venu.

L'avenir est ombre ou clarté. Ombre, si les nations latines persistent à se contenter d'une politique égoïste, sans aucune attention pour l'agitation profonde du monde entier. Ombre, si, continuant de suivre la pente glissante de l'élégante inaction, elles s'acheminent en riant vers la servitude. Ombre, si l'une, à cause de sa natalité de plus en plus faible, l'autre à cause de son défaut de résistance, l'autre à cause de son indifférence à l'intérêt national, l'autre à cause de la passion excessive qu'elle apporte à ses querelles intestines alors que le vrai péril est au dehors, ombre, disons-nous, si les Foules latines, si les Fils de la Louve montrent aux Germains, aux Slaves, aux Saxons, les stigmates déshonorants d'une nouvelle décadence.

Mais clarté, si ces mêmes nations retrouvent un instant la vigueur, la ténacité, l'orgueil de Rome. Tous tant que vous êtes, sous vos nouveaux noms modernes, citoyens romains, levez-vous ! Vous n'avez pas le droit de tolérer que le sang de Rome reçoive la moindre humiliation, et c'en est une que d'être inféodé aux descendants de ceux que la Ville Éternelle savait si bien tenir à distance. A l'idée que les races prolifiques et voraces pourraient l'emporter sur vous et vous contraindre à subir leur loi, la vieille Louve se dresse sur le Palatin et gronde, le poil hérissé, en montrant ses crocs toujours solides. Ce grondement n'est pas une plainte, mais un appel, mais un ordre ! Appel à la fraternité, ordre de s'unir, ordre de ressusciter la haute discipline

morale qui faisait invincibles les légions de
César.

Foules latines, il vous appartient de dé-
créter si la grandeur romaine ne doit
plus être qu'un souvenir universitaire, ou
bien si vous voulez en ressusciter, en
maintenir, en accroître le prestige. Jamais
les conjonctures n'ont été plus propices ;
une conflagration presque universelle a
permis à toutes les patries de se connaître, de se contrôler, de se plaire ou de
se haïr. Ce fut comme une vaste consultation, préliminaire d'orientations que
rien, avant 1914, ne faisait prévoir. Se
peut-il que les âmes jetées dans le bra-
sier de la guerre n'aient pas été débar-
rassées de leurs vieux oxydes ?

Et nous voici revenus à notre point de
départ. C'est par une apostrophe à la

Latinité que ce discours doit finir, comme il a commencé. Mussolini, Latin de la première et de la dernière heure, ne fait que passer comme l'incarnation d'un génie particulier à la race, mais, nous le répétons, notre désir ne fut jamais de glorifier une figure isolée. En Mussolini nous saluons la réunion inespérée des vertus nécessaires à la rénovation du monde latin. Nous aurions pu la rencontrer dans un événement, dans un groupe et lui adresser le même hommage. Nous gardons toute la lucidité qu'il faut pour juger Mussolini d'étape en étape ; nous ne savons, car nul n'est prophète, si le rénovateur de l'Italie ne sera point empêché de parachever sa tâche. Mais, que le Fascisme demeure ou bien qu'il passe, notre injonction n'en conservera pas moins toute son actualité.

Bien mieux, demain la rendra plus nécessaire encore qu'elle ne l'est aujourd'hui, puisque le péril grandit d'heure en heure.

Le monde latin a perdu, au cours des âges, les deux principes fonciers de sa suprématie : la Foi et l'Energie. Non seulement chacun professe la négation de son propre geste, mais encore se refuse à reconnaître la valeur du geste d'autrui. Il s'ensuit que tout élan est, d'avance, condamné, qu'il est interdit à un homme parmi les hommes de vouloir, d'oser une chose un peu nouvelle, à moins qu'il ne soit de taille à braver les risées et à mépriser les injures. Ce scepticisme latent est donc une sorte d'atmosphère raréfiée au milieu de laquelle les âmes ne peuvent plus vivre. A moins de rééduquer en nous la confiance, nous sommes dorénavant condamnés à ce supplice tantalien de coudoyer sans cesse le génie et de le méconnaître.

L'énergie aussi a décru. Et justement parce que la foi a périclité, l'énergie est devenue vertu d'exception. A force de ne pas croire, la multitude moderne a acquis le déplorable travers de mésestimer tout effort et de considérer que rien ne sert à rien. L'auréole que l'on attribue si aisément aux êtres d'action, aux réalisateurs, cette appellation de « professeurs d'énergie » par quoi on les désigne, prouvent bien qu'ils sont détenteurs d'un extraordinaire talisman. En effet, si l'énergie ne représentait pas une puissante valeur intrinsèque, on ne lui témoignerait pas tant d'égards chaque fois qu'on la rencontre.

Eh bien, Benito Mussolini, tout en accomplissant sa mission logique et loyale, et sans se soucier d'enseigner quoi que ce soit à qui que ce soit, Mussolini nous apparaît comme un haut modèle d'énergie sacrée. Lui aussi aurait pu se laisser gagner par la mollesse politique, par le goût des accommodements; lui aussi aurait pu rapetisser l'avenir à l'étendue de sa seule ambition et ne point se préoccuper du destin de l'Italie... Mais il eût fallu pour cela qu'il fût privé, comme tant d'autres, d'énergie et de foi. Toute sa vie repose sur ces deux axes, et il voulut que, sur deux axes semblables, l'Italie tout entière fût équilibrée. Il a donc prêché la bonne parole et mené le bon combat; il a accompli quelque chose de grand.

Que sa silhouette sur l'horizon médi-

terranéen vous guide, hommes d'Occident,
comme guida vos aïeux navigateurs celle
du colosse debout dans l'île de Rhodes.
Que son patriotisme soit comme un fanal et sa parole, comme un tocsin ; qu'à
la lumière de l'un, à la clameur de l'autre, toutes les augustes vertus romaines
lovées, endormies, pétrifiées en vous,
frémissent soudain, retrouvent leur vigilance légendaire et reprennent leur faction inlassable sur les remparts de la
Latinité.

FIN

TABLE

EXORDE

PROPOSITION

NARRATION

et Nationalisme. — Protecteurs de Rome. — L'épée au fourreau. —- Le Décalogue fasciste. — L'œuvre de demain. — Sérénité. — Une politique neuve. — Le droit élémentaire au travail. — La nouvelle unité nationale. — Du principe d'autorité. — Syndicalisme évolué. — Rome, capitale de la chrétienté. — Relations extérieures. — L'œuvre coloniale. — Majores pennas nido.

PREUVE

La Confiance unanime. — Nationalisme. — L'œuvre accomplie. — Réorganisation financière. — Le problème fiscal. — Abolition de la nominativité obligatoire des titres. — Abolition des droits de succession. — Pour développer l'activité économique. — Régime du Travail. — Services publics. — Traités de commerce. — Réforme de la défense militaire et navale. — Aviation. — Le Fascisme gardien des deniers de l'État. — L'éloquence des chiffres. — Monopoles d'État. — La Réforme électorale. — La Réforme des Codes. — L'Italie et l'Europe. — L'émigration. — L'orientation dangereuse. — Pour une Fédération panlatine. — Le Plan des 8 B. — L'Europe latine. — L'expansion germanique en Amérique du Sud. — Un essai de réalisation.

RÉFUTATION

Les mécontents. — L'épouvantail Liberté. — L'opposition inéluctable. — Éloge de la pusillanimité. — Mussolini

opposé à Mussolini. — Le spectre de la réaction. — Autoritarisme et autorité. — Attendre avant de juger. — Le Fascisme vu de trop loin. — L'enthousiasme ne serait-il
qu'une mode ? — Les arbitres. — La Légende et l'Histoire.
— Conclusion.

PÉRORAISON

Les mauvais hôtes. — Liberté, que de crimes en ton nom !
— Mais un homme veillait ! — La Terre Promise. — L'autre
Union Sacrée. — L'Empire romain. — A pied d'œuvre. —
Ombre ou clarté.

ACHEVÉ D'IMPRIMER
LE 30 SEPTEMBRE 1923
CHEZ ARRAULT ET Cⁱᵉ A
TOURS, POUR LA SOCIÉTÉ
DES ÉDITIONS FAST,
13, RUE ROYALE, PARIS